JN071146

劇的に地頭がよくなる思考術

「自分の頭」で考えるコツを教えてください。

浜田陽介
Hamada Yosuke

SOGO HOREI PUBLISHING CO., LTD

はじめに

　自分の考えに自信が持てない。考えていてもすぐにあきらめてしまう。本当にあの決断でよかったのかずっと悩んでいる……。

　そんな経験をされたことはありませんか？

　私はコンサルタントや講師をしていますが、じっくりと考えることへの苦手意識は若い人に多いように見受けられます。

　インターネット上で多くのサービスが受けられるようになった今、音楽や映画、ドラマなどが溢れかえっています。それらのコンテンツは開始数秒か数分でよし悪しを判断されてしまいます。早い段階で判断を下す習慣も相まって、考える力や考える体力が弱まっているのかもしれません。

　本書は考える力を育てるために大切なことだけでなく、どんな人生を歩みたいのか、どんな大人になりたいのかを深く考えるヒントが詰まっています。この本で紹介する「考える力を育てる方法」は、私がかつて銀行のコンピューターシステムを作っていた頃に培った筋道を立てて論理的に考える力と、ゲームディレクターとしてたくさんのアイデアを生み出してきた創造的に考える力、そして講師やコンサルタントとして多くの若者と接する中で大切さを再確認した価値観を中心に構成されています。

第1章では、考える力を育てるための準備をします。私たちは学校教育や受験の影響を強く受けた結果、考え方に癖がついてしまっています。まずはその癖がなにか、どんなデメリットがあるのかを知ることからはじまります。

　第2章では、ものの見方やとらえ方について学びます。ひとつの悩みや出来事でも、その見方やとらえ方はたくさんあります。一面的な見方だけでなく、多面的に物事をとらえられるようになるコツをお伝えしています。

　第3章では、筋道を立てて考える方法をお伝えします。論理的に物事を考えられるようになると話もうまくなり、理解力も高まります。なによりも自分の考えを整理整頓することができます。考える力の基本と言っても過言ではありません。

　第4章では、ひらめきやアイデアを生み出す方法についてお伝えします。「論理的に情報を整えて、創造的にアイデアを生み出す」ように左脳と右脳をうまく組み合わせてこそ、考える力を発揮することができるのです。

　第5章では、もののよし悪しを判断する見方である価値観を掘り下げます。私たちがいくら考える技術を身につけても、価値観を育て続けない限り猫に小判です。価値観はなにでできているのか、どのように育てていくのかをお伝えします。

　さあ、これから先生と生徒の授業がはじまります。みなさんも一緒に考える力を育ててください。

CONTENTS

はじめに ————————————————————— 2

登場人物紹介 —————————————————— 8

第1章 たったひとつの正しい答えはない

考える力はすでにある ————————————— 10

正解病から抜け出そう ————————————— 14

世の中には正解のない問題が満ち溢れている —— 25

☞ 第1章のまとめ ———————————————— 30

第2章 視点と視野と視座

ものの見方の3点セット ———————————— 32

具体と抽象 ——————————————————— 36

コミュニケーションの抽象度 —————————— 45

抽象化は応用力 ————————————————— 56

目に見えない視野 ———————————————— 66

☞ 第2章のまとめ ———————————————— 76

第3章 論理的に考える

話のわかりやすさ	78
情報の省略	79
時系列の前後	83
話の構成	85
内容の抽象度	90
論理の展開方法	94
モレなくダブりなく	113
考える力の天敵	127
☞ 第3章のまとめ	134

第4章 創造的に考える

発想力のブレーキ	136
創造力はスキル	150
ひらめきの構造	156
観察から見える自分だけの着眼点	163
フレームワークでアイデアを量産	167
☞ 第4章のまとめ	182

第5章 判断軸を育てる

価値観はなにで作られているのか ———————————— 184

問題意識がすべてのコンテンツを教養に変える ————— 201

☞ 第5章のまとめ ———————————————— 210

おわりに ————————————————————— 212

ブックデザイン・イラスト／木村　勉
DTP／横内俊彦
校正／矢島規男

登場人物紹介

はまだ先生

悩んでいる生徒を見かけると放っておけない高校の教師。いつも生徒と気さくに話す親しみやすい先生。授業では教わらない大切なことをわかりやすく教えてくれる。

あいこ

バレーボール部に所属する17歳の高校生。普段は明るく元気な子だが、悩みの多い年頃になり自分の考えに自信が持てずにいる。最近では休み時間に空を眺め、心ここにあらずなことも。見かねたはまだ先生から考える力について教わることに……。

第 1 章

たったひとつの
正しい答え
はない

考える力はすでにある

 さっきから浮かない顔で窓の外を眺めているけれど、なにかあったのかい？

 私、いつも同じことばかり考えてしまうんです。自分の考えに自信が持てなくて本当にこれでいいのか不安で……。

 悩むのはとても大切なことだよ。自分の頭でしっかり考える力を身につけるきっかけになるからね。そのために学校でも様々な教科を通して考える力を身につけていくんだ。君にとって考える力とはどんなことを言うのかな？

 ……考えたこともないです。

 例えば悩みがあるとき、事情や条件があるよね。色々な事情や条件がある中で、筋道を立てていくつもの可能性を考え最適な答えを生み出す力、それが考える力だよ。

それと学校の勉強とどんな関係があるんですか？

 さっき言ったことって学校の勉強の、なにかに似ていないかい？

 あ！　数学の問題に似ているような気がします。問題文の中に色々な情報があって、1つひとつ筋道を立てながら考えて、答えを出すじゃないですか。

 そうだね。数学のような理系科目だけでなく、国語や英語も実は同じなんだよ。

 どういうことですか？　私には違うように思えます。

 それは目線の高さを変えると見えてくるんだ。
例えばサッカーはどんなスポーツだい？

 11人のチームで球を蹴って、相手のゴールに入れて点を取り合うスポーツです。

 もっと簡単に言うと？

 球を蹴って点を取り合うスポーツです。

 さらに簡単に言うと？

球を使うスポーツです。

 そうだね。では野球は？

 野球も球を使うスポーツです。

 そうだね。つまり、バスケットボールもバレーボールも同じことが言えるよね。

 だから球技って言うんじゃないですか。

 それが目線の高さだよ。それぞれのスポーツを実際にプレイしてみると球の大きさも使う道具もルールも全く違うけれど、それをビルの屋上から眺めてみると細かい違いはあまりよく見えなくなるよね。

 みんなで球を使って遊んでいるようにしか見えません。

 そう、それが共通点だ。目線を高くすると細かい違いがそぎ落とされて大きな共通点が見えてくる。
球技の場合はもちろん、「球を使うスポーツ」が共通点だね。

 スポーツの場合はわかりやすいですけど、数学や国語にも共通点があるんですか？　あ！　頭を使うことで

すか？

グッと目線を高くするとそういうことだ。もう少しだけ目線を下げてみよう。

数学は足し算や掛け算、公式などを使って問題を解くよね。英語は単語や文法を使って英文を訳す。そこに共通点があるとしたらなにかな？

覚えたことを使って問題を解くことですか？

そう。もう少し詳しく言うと、これらに共通することは与えられた状況の中で知識という道具を使って筋道を立てて問題を解決することだ。

そう考えると、君たちはすでに知識を使って筋道を立てて問題を解く練習をたくさんしてきているんだよ。

練習をしているのに、どうして優柔不断になってしまうんですか？

その原因は主に5つあるんだ。その原因を掴めば、自分の頭で考えて答えを出せるようになるよ。

せっかくだから今から考える力の授業をはじめようか。

先生、ぜひ教えてください！

13

正解病から抜け出そう

 それではさっそく授業をはじめよう。まずは「正解病から抜け出す」だ。

 正解病？ なんですか、それ？ 一度も聞いたことがないです。

 病名ではなく、「すべての問題には正解があると思い込んでいる状態」のことを呼ぶんだ。

 先生！ なにを言っているんですか！ 問題には絶対、正解があるじゃないですか？
私たちはいつも学校のテストで問題に答えて、正解か不正解かで点数が決まるんですよ。答案用紙が返ってくるときは、いつもヒヤヒヤなんですから。

 テストの問題はそうだよね。ひとつの正しい答えがあって、そこに辿り着くために記憶力や考える力が正しく使えているかどうかをチェックするのがテストだからね。

正解のない問題ってどんな問題ですか？

試験やクイズ以外は、ほとんど正解のない問題じゃないかな？　確か君はバレーボール部だったよね？

はい、そうです。セッターをやっています。中学時代は県大会で優勝した経験があります。

優秀な選手なんだね。そんな君に質問だ。白熱したバレーボールの試合で、お互いに一歩も譲らずラリーが続く。敵も味方も陣形を崩しながらの大接戦。そして相手が打った強烈なアタックをチームメイトがなんとかレシーブ！　そのボールはセッターの君の頭上へふわりと飛んできた。
さて、このとき君ならどういう判断をするかな？

まさにそんな試合を何度も経験してきました。飛んできたボールの位置、チームメイトの態勢、相手のブロックの配置やコートの空きスペースなどを考えて、ベストな攻め方だと思う方向にトスを上げます。

さすがだね！　色々な条件を加味して答えを出しているんだね。それで結果はどうだい？

もちろん、すべてがうまくいくわけではないです。成

功することもあれば、相手に攻撃を読まれて失敗することもありますし、相手のミスに助けられることだってあります。

つまり、やってみなければ結果はわからないってことだね。試合がヒートアップすればお互いの陣形は複雑に入り乱れるし、予期せぬミスなど不確実な要素もたくさん絡んでくる。そこには正しい答えはないよね。与えられた条件の中で考えられる最適な答えを出すしかないんだ。

確かにそうですね。試合中は無我夢中だからそこまで深く考えたことはありませんでしたが、言われたらそのとおりです。

悩み事も同じだよ。複雑な状況と不確実な要素の中で最適だと思われる答えを出す。そこには正しい答えは存在しないんだ。わかりきった話のように聞こえるかもしれないけど、実はそうとも言い切れないんだよ。

どういうことですか？

インターネットでなにかを検索したことはあるよね？調べるとき、検索バーに文字を入れると予測変換が表示されるだろう？

はい。あの機能、便利ですよね！　次に入れようと思っていた言葉が出てくることが結構あります。

あれは入力した言葉とセットで検索されやすい言葉が候補として表示されているんだ。だから、多くの人がなにを求めて検索しているのかがそこから読み取れるよ。例えば、LINE を検索すると「LINE　相手で終わる心理」や「LINE　相手から来ない」などの予測変換が出てくる。ここから、相手の気持ちを知りたいという思いがわかるよね。

その気持ちすごくよくわかります。特に友達とケンカしてしまったあとは気になって仕方ないです。

そうだね。ただ、インターネットで検索しても相手の気持ちはわからない。相手の気持ちは相手にしかわからないからね。それなのに、なぜか多くの人が検索している。そこに大切なことが隠れているんだ。

心配でたまらなくて、考えても答えが全然わからない。居ても立ってもいられなくなって、一刻も早く答えがほしいという気持ちで検索しているんじゃないでしょうか。

おそらくそうだね。相手にしかわからないことを検索

してしまう心理の裏には、やはり問題には正しい答えがあるという感覚を無意識に持ってしまっているからなんだ。ほかにも「仕事 家庭 どっちが大事」や、「転職 するべきか」のような答えのない問題がたくさん検索されているよ。

頭ではわかっていても、知らないうちにそう考えてしまっているんですね。どうして私たちは無意識にそのように考えてしまうんですか？

それは子どもの頃にさかのぼると答えが見えてくるよ。親は子どもが健やかに育つように願い、怪我や危険な目に遭わないように色々なことを教えてくれるよね。例えば、キッチンに行けば危ないものがたくさんあるから連れ戻されたり、おもちゃ箱のあるほうに行けば一緒に遊んでくれたり、ハサミを触れば没収されて、ぬいぐるみを触れば笑顔になってくれる。そんな毎日をくり返す中で、物事にはなんとなく正解があることを肌で感じ取っていくんだ。

お母さんに褒められたときは、いつも嬉しかったです。

そして保育園や幼稚園に入ると、友達ができてお遊戯をしたり遠足に行ったり、時には友達とケンカをしたりする中で集団行動や人間関係の正解、不正解を環境

の中で学んでいくんだ。

そういえばブランコを独り占めして怒られました。

そのあとは、いよいよ学生生活のスタートだ。小学校入学から社会に出るまではほぼ毎日、1日の大半を授業に費やして過ごし、その成果を定期的にテストで確かめられる。もちろんテストには正解があって、君たちは日々その正解を目指して勉強に励んでいるんだ。だから生まれてからずっと正解と不正解が身近にある世界に浸ってきたからこそ、問題には正しい答えがあると無意識に考えてしまうんだ。

考え方の癖みたいなものがついてしまうんですね。その考え方の癖はどんなことに影響するんですか?

自分の頭で考える力を弱めてしまう原因になりやすいんだ。その原因とは、「他人軸で考えてしまうこと」「考える力に自信をなくしてしまうこと」「考える体力が下がってしまうこと」。

もっと詳しく知りたいです。

まずはひとつ目の「他人軸で考えてしまうこと」。これは、考え方の基準を自分ではなく、他人に置くこと

なんだ。

 基準を他人に置くってどういうことですか?

 そうだな……。例えば、授業中に発言するとしよう。問題には正しい答えがあると思っている場合、その逆も言えるよね。つまり、間違いもある。誰もが間違えたくないし、ましてや大勢の目の前で間違えるなんて恥ずかしくて仕方がないんだよ。

 確かに、授業中に指されて発表した答えが間違っていたら顔が真っ赤になっちゃいます。

 間違えたときの恥ずかしい気持ちはよくわかるよ。しかしそんな思いが間違いを恐れる気持ちを生むんだ。その結果、大勢の前で発表することに抵抗を感じないかい?

 はい、授業中に指されそうになると目をそらします……。

 では、感想や意見を求められたときはどうかな?

 それもできることなら発言したくないです。だって、みんなが思っていることと、ズレていたら恥ずかしい

です。

それは感想や意見にも、正解があると考えているって言えるんじゃないかな？　つまり、自分がどう考えるかではなく、相手にどう思われるのか、相手が言ってほしいことを正解のように考え、それが考え方の基準になってしまっている。これが自分の頭で考える力を弱める原因のひとつ目だ。

確かにそうですね。バイトの面接時もそうでした。志望動機を聞かれて、気に入られそうなことを答えていました。

自分の頭で考える力を育てるためには、やはり自分軸で考えることがなによりも大切なんだ。
２つ目の原因は「考える力に自信をなくしてしまうこと」。

どうして自信をなくしてしまうんですか？

理由はシンプルだよ。正解は存在しないから。ないものを探したって見つからないだろ？

まるで人魚や河童（かっぱ）を探しているみたいですね。

探している人は人魚のような伝説の生き物が本当にいると信じて探し続けるが、一向に見つからない。それと同じように、正しい答えがあると思ってしまうと、いくら考えてもそこに辿り着けない。やがて自分の考える力が足りないんじゃないかと、自信をなくしてしまうんだ。

そっか……。優柔不断だって感じてしまうのも自分の考える力に自信がない証拠ですよね。

あるはずのない正解に辿り着けないもどかしさが優柔不断の正体かもしれないね。そして3つ目の原因は「考える体力が低下すること」。

考える力にも体力が必要なんですか？

もちろん必要だよ。持続力と言ってもいいかな。要するに、考え抜く力だ。

考えることをすぐやめるってことですか？

そう。なぜだかわかるかな？
例えば、問題集で勉強した経験はあるよね。そのときのことを思い出してごらん。

……考えてもわからない問題は答えを見てしまいます。

問題集の巻末には、答えがしっかり書いてあるからね。世の中の問題には正しい答えがあると考えている場合、その答えは問題集のようにどこかに存在していることになるよね。しかし、いくら探しても答えが見つからない。すると、考えるだけ時間の無駄だと感じて手っ取り早く答えに辿り着こうとしてしまうんだ。

すぐに答えを見てしまうと勉強にならないですもんね。

考えることを放棄し続けていくと、考える体力が落ちて考え抜く力が弱っていく。まさに筋肉と同じなんだ。鍛えれば強くなるし、なにもしなければ弱くなる。インターネットが普及したことで、そのトレーニングをサボりやすくなってしまったんだ。

それがさっきのネット検索の話ですね。

そういうこと。検索をすればなにかしらの情報は得られるからね。

私も結構サボり癖がついているかもしれません。

そうだね。だからまず肝に銘じなければならないこと

は、問題には誰もが認めるたったひとつの正しい答え
はないということ。そして、自分の判断軸と考えで答
えを作る力が重要なんだ。

 正解に辿り着く力ではなく、答えを作り出す力が大切
なんですね。

世の中には正解のない問題が満ち溢れている

 人は1日のうちに何回選択をしているか、知っているかい?

 ん〜30回ぐらいですか? 多いときは50回ぐらい?

 一説には35000回と言われているんだ。

 え〜! そんなにですか!

 例えば、朝起きたあとに服はどれを着ようか、朝食はなにを食べようかなど、細かいことも含めると数えきれないぐらい選択をしているんだ。1日の中では、些細(さい)な選択のほうが圧倒的に多いけれど、重大な選択もあるよね。

 どんなことですか?

 生死に関わることや人間関係に関すること、進路や人

生に影響を与えることがそうだよ。

 そんな選択って普段していますか？

 例えば、進路や人生に関わる選択だと、理系に進むのか文系に進むのか、それを得意不得意だけで決めるのか自分のやりたいことと照らし合わせて決めるのか、就職しやすさで決めるのか。そして思うようにうまくいかなくて、ツラい状況や逃げ出したいときになにを考え、どう行動するのかも選択だよ。

 毎日が選択の連続なんですね。

 大小様々な選択を毎日くり返しているということは、選択の積み重ねで人生ができているとも言えるよね。

 そんな風に考えたことはありませんでした。だけど、そのとおりですね。自分の選択が自分の人生を作っていると思うと、なおさら自分の頭でしっかり考えることが大切ですよね。

 そう、そしてこれからの時代は自分の頭でしっかり考えることがますます重要になってくるんだ。

 どうしてですか？

VUCA ワールドって言葉、聞いたことあるかい？
これは、時代の状況を表した言葉なんだ。今までにも
時代の変化に合わせて色々な呼び方がされてきたんだ。
かつてはドッグイヤーと言われる時代もあったよ。

ドッグイヤー？　イヌの耳ですか？

イヌは合っているけれど、イヤーは年のことだよ。イ
ヌの１年が人間の７年に相当すると言われることから
その名前がついたんだ。つまり、１年間で７年分の変
化が起きる時代、それだけ変化のスピードが速いとい
う意味だね。

そんなに変化のスピードが速いんですか？　私は正直
あまり実感ないですけど……。

そうかもしれないね。物心がついたときには、すでに
インターネットが発達してスマートフォンも普及して
いたから実感がないのかもしれない。コンピューター
の処理速度が飛躍的に高まっていくと同時に、イン
ターネットの通信速度もどんどん向上して様々な技術
やサービスが生み出されていったんだ。

最近だと AI をよく聞きます。人工知能ですよね？

そう、AI やディープラーニング、ビッグデータによっ
て最近では、どの地域で犯罪が起きやすいかなどを割
り出して成果を挙げているそうだよ。時代の変化はま
すます加速して、ドッグイヤーの次はマウスイヤーと
呼ばれるようになったんだ。

 マウス？　今度はネズミですか？

 そう、ネズミは人間の 18 倍の速度で成長すると言わ
れている。つまり、1 年間で 18 年分の変化が起きる
時代という意味になるね。

 想像するだけで目が回りそうです。

 そんな変化の速い時代を経て、今は VUCA ワールド
と呼ばれるようになったんだ。

 さらに変化のスピードが上がるんですか？

 変化のスピードではなく、その結果に焦点を当てた言
葉なんだ。VUCA は Volatility（不安定さ）、Uncertainty
（不確実性）、Complexity（複雑さ）、Ambiguity（曖昧
さ）の頭文字。仕事や生活を取り巻く環境の変化が激
しく不安定で、先が読めず不確実かつ複雑で曖昧な状
況を意味しているんだ。

それだけ聞くと霧に包まれた森の中を歩いているような感じですね。そんな世界なら、その都度置かれている状況から判断するしかないように思います。

そうだね。時代の変化や流れを考えても、これからは自分の頭でしっかり考えて答えを出す力が重要なんだよ。そしてなにより、今この時点でも世の中には正解のない問題が満ち溢れているんだ。国際紛争や環境問題、少子高齢化に年金問題など挙げればきりがない。人間関係やキャリア、プライベートなど正しい答えがないことばかりなんだ。

すごくよくわかりました。今日からは問題にはただひとつの正解はないということを肝に銘じます！

今日は遅いからこの続きは明日話そう。明日はものの見方について勉強しよう。

わかりました。ありがとうございます。また明日よろしくお願いします。

第 1 章 の ま と め

☞ 世の中の問題には、たったひとつの正しい答えはない

☞ 他人の思いや考えを判断基準にせず、自らの判断軸を持つ

☞ 自分の頭で考え抜くトレーニングをして、思考体力を鍛える

☞ 正解に辿り着く力ではなく、答えを作り出す力をつける

☞ 自分が決断した答えの積み重ねで、人生が作られている

☞ VUCA ワールドに突入し、考える力の重要性はますます高まっている

視点と
視野と
視座

もののの見方の３点セット

 さて、今日はものの見方について授業をしよう。
人がなにかを考えるときは、問題や悩みをどのような
角度で見てとらえるか、そしてどのように解釈するか
が深く関わっているんだ。つまり、ものの見方と考え
る力は切っても切れない関係にあるんだ。

 そう聞くとものの見方ってなんだか難しそうですね。
私にも理解できるか少し不安です。

 ひとつずつ考えていこう。
ものの見方って聞くとどんな言葉を連想するかな？

 視野ですね。あの人は視野が広いとか狭いって言いま
すよね？

 視野の広さはとても重要なものの見方の要素だね。さ
らに視野と一緒に大切だと言われる３点セットがある
んだ。それが「視点」「視野」「視座」だ。

３つの違いはなんですか？
特に視座って言葉はあまり聞いたことがないです。

 まずは「視点」から説明しよう。視点は見ている点のこと、つまり物事のどこを見ているのか。
視点を変えるとは、見る場所を変えるという意味だよね。例えば水槽に金魚がいるとしよう。いつもは膝をついて金魚と同じ目線で眺めているが、あるとき、金魚のお腹を見ようと下から覗いてみる。するといつもとは違う角度の金魚が見える。これが視点を変えるということだよ。

 餌をあげるときには真上から見たりもしますよね。
視野はどういう意味ですか？

 「視野」は見えている範囲のことだよ。
水槽に顔を近づけて１匹の金魚をジッと見つめている状態から、少し顔を離して水槽全体を眺めると金魚を取り巻く環境が見えてくるよね。水草が生えている、金魚がもう１匹いる、少し水が汚れているなど。景色の場合は、目でとらえている範囲のことを言うけれど、考える力にとっての視野は、問題や悩み事を取り巻く関連性の範囲のことなんだ。

 問題や悩み事に関係していることを、どこまで広く見

ることができるかってことなんですね。最後の視座は
どういう意味ですか？

「視座」は立場だと考えるといいよ。
例えば、水槽を眺めている人がその金魚に愛情をたっ
ぷり注ぐ飼い主ならどんなことを考えるだろう？

「今日も元気そうだな」や「可愛いな、癒されるなぁ」
って考えると思います。

金魚を家族の一員のように思っているからこそ、そう
いうことを考えるよね。
では、ペットショップの店員さんならなにを考えるだ
ろう？

うーん……。「水温は問題ないかな」「体調はよいか
な」とかそういうことじゃないですか？

そうだね。店員さんであれば、お店の商品という目線
で金魚を見るから衛生管理や体調管理に注意して見て
いるかもしれないよね。
では、お腹を空かした野良猫だったらどうだろう？

「おいしそうだな」「早く食べたいな」とかかな？
……ちょっと可哀そうですけど。

 そうだね。どんな立場から物事を見るのか、それが視座だよ。同じものを見ても立場が違えば、とらえ方も違うということだね。視点・視野・視座とは、物事をどんな立場からどの範囲でどこを見るのかということなんだ。

 普段何気なく考え事をしていても、そこには視点・視野・視座があったんですね。

具体と抽象

 視点・視野・視座の意味が理解できたところで、次に考える力にとって必要な視点・視野・視座を少し詳しく説明しよう。
まず、視点という言葉はどのように言い表されることが多いかな？

 うーん……すぐに思い浮かぶのは「新しい視点」や「鋭い視点」という言葉です。

 それはどちらも、同じものを見ていても違った角度からものが見えているということだね。

 同じものを見ているのに、違った見え方をしているんですか？　なんだか雲みたいですね。

 雲の場合は目に見える形をどのようにとらえるかだね。
考える力の場合は、目に見えない情報をどのようにとらえるかなんだよ。
君はなにかペットを飼っているかな？

はい、イヌを飼っています。

 どんなイヌ？

 チワワです。

 名前は？　どんな子？

 名前はモモです。毛が短くてクリーム色で人懐っこくて可愛いんです。

 今のやりとりの中で、1匹のイヌに対して3通りのものの見方が登場したことに気がついたかな？

 3通りの見方ですか？　全然わかりません。

 イヌ、チワワ、モモ。これが3通りの見方だよ。

 なにが違うんですか？

 ペットを飼っているかと聞かれたとき、なぜイヌと答えたのかな？

 イヌなのかネコなのか、動物の種類を知りたいのかなと思ったからです。

 どんなイヌか聞いたときは、なぜチワワと答えたの？

 チワワなのかマルチーズなのか、犬種を知りたいのかなと思ったからです。

 イヌ、チワワ、モモと段階を経て最後には具体的な1匹の犬についての情報を教えてくれたね。つまり、君は必要に応じて3つの見方を使い分けたんだよ。

 それって呼び方の違いじゃないですか？

 これはとらえ方の違いなんだ。イヌ、チワワ、モモと

いう呼び方は抽象的なとらえ方から具体的なとらえ方
へと階段を一段ずつ降りて行ったんだ。
抽象と具体の幅の中で情報を調整したんだよ。

具体と抽象ですか？

すごく重要なものの見方だよ。最初に「イヌ」と答え
てくれたね。さっきの会話の中ではこれが一番抽象的
なとらえ方だけど、「イヌ」はなにを指すだろう？

すべてのイヌじゃないですか？　色や大きさ、犬種に
関係なく全部のイヌです。

では、一段階具体的になったチワワはどうかな？
「チワワ」はなにを指すだろう？

これもすべてのチワワです。チワワというイヌの種類
であれば、色や毛並みは関係なく全部です。

ここからわかることは、抽象的なとらえ方から具体的
なとらえ方になれば数がグッと絞られるということ
だね。

的を絞っていくようなイメージですよね。

そうだね。そしてもっと具体的にしていくと、最後には世界でたった1匹のモモという存在にまで絞り込まれるんだ。

自分の知らない間に色々なとらえ方を使い分けていたんですね。

そういうことだね。今の話は抽象的から具体的にしていくと、的が絞られていくイメージだったね。
では、その逆はどうなるだろうか?

うーん……逆になるってことは、的が広がるんでしょうか?

そのとおり。具体的から抽象的なとらえ方になると、的が広がっていくようなイメージになるんだ。

抽象的になると的が広がって、具体的になると的が絞られるイメージですね。

そう。つまり、視点のとらえ方で視野も変わってくるんだ。

的が広がれば見える範囲も広がるし、的が絞られれば見える範囲が小さくなるってことですね。

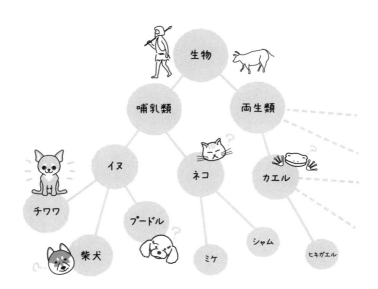

 実は具体と抽象で大切なことがもうひとつあるんだ。それは抽象的にするということは、枝葉を切り落とすということでもあるんだ。

 枝葉を切り落とす？　木の幹だけにするということですか？

 そういうイメージだね。桜の木もイチョウの木も枝や葉をすべて切り落として幹だけにしてしまえば、見た目はほとんど同じだろう？
要は、細かい違いを切り捨てるってことだ。

なるほど！　モモからイヌのように抽象的なとらえ方にしたいときは、モモという名前やチワワのような犬種を切り捨てているってことですよね。

 そういうことだね。具体的にするときは、枝や葉をつけ足して小さな違いを含めてとらえるってことだよ。

 具体と抽象のとらえ方の違いがわかってきました。

 これはものだけではなく、情報でも同じことだよ。例えば、本を読んで内容を1枚の紙にまとめるとしよう。これも抽象的にすることなんだ。要するに、余分な情報を省いて本当に必要な情報だけを要約することが、枝葉を落として幹にするってことだよ。

 情報をまとめる力も抽象的に考える力のひとつってことですか？

 そういうことだね。大切なことは本質的な部分を見極めて抽象化するということなんだ。

 本質的な部分ですか？

 本質的な部分とは、簡単に言うと「つまりどういうこと？」だね。これを見極めて簡潔にまとめる力が抽象

化する力だ。そして具体的か抽象的かは相対的なこと
だから、状況で変わることにも注意が必要だよ。

 相対的ってどういうことですか？

 ほかのものとの比較で成り立つってことだ。さっきの
例ではイヌという表現は、具体的だったかな？　それ
とも抽象的だった？

 どんなイヌを飼っているのか、わからないので抽象的
だと思います。

そうだね。

しかし、ペットの種類を調査している人がいるとしたら、その人にとっては具体的な答えだよね。ペットがイヌかネコか、ハムスターかを知りたいんだから。チワワかマルチーズかは少し具体的すぎて、そこまでは必要ない情報なんだ。イヌという同じ言葉でも、状況や立場によっては具体的にも抽象的にもなるということなんだよ。

コミュニケーションの抽象度

コミュニケーションも具体と抽象のとらえ方で意味が大きく変わってくるんだよ。

コミュニケーションのとらえ方ってどういう意味ですか?

例えば、お母さんと子どもが公園にいるとしよう。子どもは、お腹が空いたと駄々をこねている。それを見かねたお母さんは、子どもにお菓子を渡す。
しかし、子どもは今度は疲れたと駄々をこねている。「座って休みなさい」とお母さんが隣に座らせるも、子どもはまた退屈だと駄々をこねる……。

よく見かける光景ですよね。

このとき、君ならこの子どものコミュニケーションをどのように思うかな?

子どもって自由気ままだなぁって思います。

45

そのときの気分で、言うことや態度をコロコロと変えているってとらえたんだね。

そうです。子どもだからお母さんの気持ちまで考えたりするのは、難しいんじゃないでしょうか。

そうだね。
では、今の例を具体的か抽象的かというとらえ方で考えてみよう。子どもがわがままに振る舞っているという見方は具体的かな？　それとも抽象的かな？

うーん……どのように考えたらいいのかわかりません。

「お腹が空いた」「疲れた」「退屈だ」……。これらの駄々を別々にとらえると、わがままを言っているという解釈に繋がるんだ。
例えば、1つひとつの出来事に共通点があると考えて、抽象度を一段上げてとらえてみるとどうなるだろう？　……つまり、それぞれの枝葉を切り落として幹だけにするんだ。

お母さんに甘えているのかもしれないですね。子どもだからうまく伝えられないだけで。

抽象的に考えるとそういった解釈ができるよね。「本

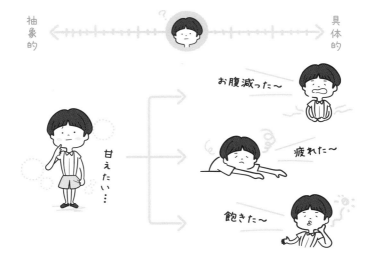

当はお母さんに構ってほしい」「愛情を感じたい」といった理由で、その手段として駄々をこねただけかもしれない。

コミュニケーションも抽象度を上げてとらえることでいつもとは違うものが見えてくるんだよ。

 コミュニケーションの抽象度っておもしろい考え方ですね。でも、確かに言われてみると無意識にそういった考え方をしているのかもしれません。

 この例を違う角度から見ると、手段と目的も相対的だということがわかるよ。

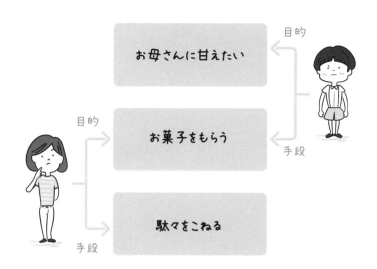

 誰かにとっての目的が、誰かにとっての手段になるということですか？

 お母さんから見た場合、子どもの目的はお菓子をもらうこと、そしてその手段は駄々をこねることだよね。

 駄々をこねられると、最初はそのように考えると思います。

 もし、子どもの目的がお母さんに構ってもらうことだとすると、その手段として駄々をこねてお菓子をもらったんだ。

お母さんが目的だと思っていたことが、子どもにとっては手段だったってことですね。

 そういうことだよ。抽象度によって手段と目的が入れ替わるんだ。

 ひとりの場合でも、手段が目的になることってありますよね。授業中にノートをとっていると、理解したり復習したりするためにやっているのに、文字を書き写して満足して終わってしまうことがあります。

 それも抽象度が下がって手段が目的になったいい例だね。コミュニケーションの抽象度でもうひとつ、大切なことがあるんだ。
それは無言の声も抽象化することだよ。

 無言の声ってなんですか?

 コミュニケーションは言葉と同時に表情や仕草、声色などにも現れるだろう?
言葉以外のコミュニケーション手段が無言の声だよ。

 それらを抽象的にとらえるってどういうことですか?

 例えば、親友とケンカをして落ち込んでいる友達がい

たとしよう。気遣って「大丈夫？」と声をかけると、
友達は「うん、大丈夫」と答える。しかし、友達は浮
かない顔をしているし、声のトーンも沈んでいる。
君だったら、どのように感じるかな？

 心配させないように大丈夫って言っているけれど、本
心はすごく落ち込んでいるんだろうなって思います。

 その解釈こそが無言の声を含めた抽象的な解釈なんだ。
大丈夫という言葉でのコミュニケーションと、表情や
仕草、声色などの言葉以外のコミュニケーションを抽
象化してひとつの答えを出しているんだよ。

言葉　　　　　　　　　　　言葉以外

大丈夫　　　声に元気がないな…　　表情が暗いな…

やっぱり本当は落ち込んでる

相手の気持ちを察することも、抽象的に考える力のひとつなんですね。

 言葉と態度が矛盾している相手の感情を読み取るときに、私たちが頼りにしているものは無言の声なんだ。アメリカの心理学者アルバート・メラビアンによると、聞き手は話し手の言葉や話の内容を７％、態度や仕草、話し方のような無言の声を93％も重要視しているんだよ。

 93％!!
表情や仕草まで含めて、コミュニケーションを抽象的にとらえているとは思ってもみなかったです！

 抽象化する力は人間だけが持っている、優れた能力だからね。
藤子・Ｆ・不二雄の漫画『ドラえもん』に出てくる「ほんやくコンニャク」という秘密道具を知っているかい？

 もちろん、知っています。ほんやくコンニャクを動物が食べると、人間の言葉を話せるようになる道具ですよね。私もモモとお話ししてみたいです。

 すごく楽しい毎日になるだろうね。ただ現実にはイヌ

の抽象化能力はそんなに高くないだろうから、会話を
楽しむことは難しいかもしれないね。
　人は無意識のうちに抽象化した概念をたくさん使って
会話しているんだ。例えば、イヌに「今日はなにをし
て遊んだの？」と話しかけたら、どんな会話になると
思う？

 それぐらいなら、モモでも答えられるんじゃないで
すか？

 そうかな？
イヌには「今日」という概念はないかもしれないよ。
時間がただ流れているだけかもしれない。今日という
時間の区切りは、人が勝手に設定したものなんだ。あ
る時点からある時点までの時間の流れを、抽象化して
今日と呼んでいるんだよ。
だからまずイヌは、今日という言葉が理解できないか
もしれない。

 もしかして「遊び」もイヌは理解できないですか？

 おそらくそうだろうね。遊びという概念も抽象化され
たものだから、なにが遊びでなにが遊びではないかが
わからないかもしれないね。

モモとお話しできないのは残念ですが、逆に人が抽象化できる力のすごさがよくわかりました。

 君はモモをとても可愛がっているんだね。

 はい！ 大好きです。可愛がりすぎてモモに少しお節介だと思われているかもしれません……。

 長所や短所も抽象的に考えてみると、おもしろい発見があるんだよ。

 どういうことですか？

 発酵と腐敗の違いは、聞いたことがあるかな？
どちらも微生物が食べものを分解する点は全く同じなのに、発酵と腐敗のように区別して呼ばれるんだ。

 ヨーグルトや納豆は発酵食品と言いますよね。体にいってイメージがあります。でも、腐ったものは食べると体に悪いですもんね。だから両者の違いは体にいか悪いかだと思うんですけど……そんな簡単な区別ですか？

 実はそうなんだよ。現象としては同じことなのに、人間の都合で発酵と腐敗を使い分けているんだ。

そうなんですね！　もっと科学的な根拠があるのかと思いました。

 長所と短所もこれと同じように考えてみてごらん。発酵と腐敗の関係を長所と短所に置き換えるんだ。発酵も腐敗も本質は微生物による分解だったように、お節介の本質がなにかをまずは考える。そしてお節介が短所だとしたら、長所はどんな特性になるのかを考えるんだ。

 お節介ってことは相手のことをよく見ている、気にかけているってことだと思います。だから長所に変換す

ると、世話好きや気が利くって言えるんじゃないで
すか？

そうだね。誰かにお節介な人だと思われていても、違
う誰かには気が利く人だと思われているのかもしれな
いってことだね。
結局、長所と短所も発酵と腐敗のように、相手の都合
で決まるんだよ。人の特性を都合に合わせて具体化し
た言葉が長所や短所にすぎないんだ。

抽象的に物事を見ると、本当に色々なことが見えてく
るんですね！

抽象化は応用力

 具体と抽象のもうひとつの側面についても考えてみよう。「一を聞いて十を知る」という言葉は知っているかな？

 はい。少し話を聞いただけで、全体を掴めるような意味ですよね。

 抽象化する力が身につけば、一を聞いて十を知る力も身についていくんだよ。簡単に言えば、応用力だね。

 抽象化と関係があるんですか？

 抽象化は枝葉を切り落として幹だけにすることだったよね。つまり、物事の本質をとらえること。これは物事の構造をとらえることでもあるんだ。

 物事の構造ってどういう意味ですか？

 曲で考えてみようか。世の中には色々なタイプの曲が

あるよね。アップテンポで元気が出る曲もあれば、しっとり歌い上げるスローテンポな曲もある。
では、曲の枝葉を落として幹だけにするとそこにはなにが残るだろう?

歌詞や曲調、テンポを枝葉だと考えて切り落とすと、残るのはＡメロやＢメロ、サビといったパートですか?

そう、それが構造だよ。いくつかのパートを組み合わせたり、くり返したりして曲全体が成り立っている。曲を抽象的にとらえて構造を抜き出すと、そういうことになるんだ。
では、恋愛ドラマの定番ストーリーを抽象化して構造を抜き出してごらん。

それなら得意です。まず主役の2人が出会って、惹かれ合って、結ばれそうになるけれど、だいたいピンチが訪れるんですよ。そしてなんとかピンチを乗り越えて、最後はハッピーエンド。これが定番です。

ドラマの構造も曲と同じようにパーツの組み合わせだと考えることができるね。

確かにそうですね。出会いのパートやピンチのパート

ってイメージですよね。

抽象化して世の中を見てみると、全く違うジャンルでも似たような構造を持っているものがたくさんあるんだ。そして世の中の色々な構造を掴んでいくと、やがてそれが自分の武器になるんだよ。

なにに役立つんですか？

例えば、君が卒業生代表として卒業式でスピーチをすることになったとしよう。
もしそうなれば、スピーチの原稿を書くよね？

もちろんです！　緊張して頭が真っ白になりそうなので、絶対に原稿は必要です。

では、どうやって原稿を書きはじめようか？

最初にあいさつを書いて、それから……どうしようかな……はじめてのことなので悩みますね。

原稿を書くときも、ドラマの構造を当てはめて考えてみてごらん。

え？　スピーチにドラマの構造を当てはめるんで

すか？

 そうだよ。ドラマの場合は、出会いのパートで性格や設定などの状況を説明し、惹かれ合うパートで楽しい思い出をたくさん作る、そしてピンチのパートではケンカしたり勘違いしたりする。最後には、仲直りしてハッピーエンドを迎える。この構造をスピーチに当てはめて考えてみるんだ。

 なるほど！　そうすると出会いのパートは、どんな学校生活を送っていたのかを伝えて、惹かれ合うパートでは友達との思い出をたくさん語り、それからピンチ

のパートではツラかったことや大変だったことを言う。ハッピーエンドのパートでは、その困難を一緒に乗り越えた友達や先生への感謝を伝える。……これ、どうですか？

よいスピーチになりそうだね。

いつも頭に思い浮かんだまま無計画に書いてしまっていたので、こうやってほかの構造を参考にするとすごく書きやすいですね。

物事の構造をたくさん自分の中にストックして、色々なことに応用していけば、今まで時間がかかっていたことをもっと早く終わらせられたり、もっとうまくできるようになったりするよ。

これって本当にすごい武器になりますね。これから物事の構造を意識するようにします！

一を聞いて十を知るということも、ここに繋がってくるんだ。なにかを聞いたときや説明を受けたときに、「あ！　これはあの構造と同じだな」とピンッと来れば、話が一部や途中だったとしても全体像を把握できるし、その先を予測できるかもしれない。そうすると先回りした対応だってできるようになるんだ。

一を聞いて十を知るってそういうことだったんですね。

 構造を見抜くということは、コツを掴むことにも繋がるんだよ。

 コツを掴むのは得意ですよ。特に単純作業をしているときは、やればやるほどコツを掴んで早くできるようになります。

 コツを掴むことは、パターンを認識することなんだ。なにかをくり返し行っていくうちに、重要ではないポイントを見抜いて重要なポイントだけを取り出せるようになるんだ。

 やっているうちに少しずつ無駄を省いていって、本当に必要なことだけが最後に残るってイメージですね。

 それも構造を掴む力なんだ。この構造を掴む力が人類を発展させたと言ってもいいぐらいだよ。

 そんなにすごい力なんですか?

 数学や物理の公式はまさにそうだよ。
数字の世界で成り立つパターンを発見して、一般化したものが数学の公式だったり、自然現象の中でパター

ンを見つけて、一般化したものが物理の公式だったり
するんだよ。様々なジャンルで一般化したものが積み
上がって、社会が発展してきたんだ。

 抽象的に物事を見る力って、やっぱりすごいんで
すね！

 そうだね。……ところでお笑い芸人は好きかな？

 はい！　大好きです。いつも動画を見て大笑いしてい
ます！　なぜそんなことを聞くんですか？

 お笑い芸人の中には、抽象化する力が非常に高い人が
多いんだよ。

 そうなんですか？

 芸人さんがなにかに例えてツッコミをすることがある
だろう？
例えば、Twitter のフォロワーが少ない人に対して「駅
前で呟いているほうが聞いてもらえるぞ」とか、満腹
になったときに「1 LDK に 15 人が住んでいる状態」
だと表現するなど。

 ユーモアがあって本当におもしろいですよね。

これも抽象化する力があるからこそ、できる技なんだ。「Twitterと駅前」「お腹と部屋」、それぞれ2つのことを結びつけているものこそ、構造なんだよ。どのような構造でこれらの2つが結びついているか、わかるかい？

Twitterはフォローしている人に文字で呟きますよね。駅前は呟けば、嫌でも通行人に声が聞こえます。だから、誰かにメッセージを伝えるって構造がTwitterと駅前を結びつけているのかな？

そういうことだね。枝葉の部分を切り落とした共通点が、例えるツッコミを成立させるんだ。満腹の例もそうだね。空間をなにかで満たすという構造が、お腹と部屋を結びつけているんだ。

一瞬で構造を抜き出して、さらに似た構造のものと結びつけているなんて本当にすごいですね！

抽象化して例える利点は、おもしろさだけじゃないんだ。それは自分の理解力を上げてくれるんだよ。さらには、相手にも伝わりやすくなるんだ。

複雑な話もなにかに例えてもらえると、すごくわかりやすいですもんね。

構造をしっかり掴んでいないと、なにかに例えることは難しいんだ。それは自分がなにかを理解するときも同じことだよ。学んだことや複雑な情報を整理するときには、その構造を掴んで例えてみると理解が深まるよ。

普段あまり例えたりしないので、できるか心配です……。

日頃から練習していれば、できるようになるよ。せっかくだから、今から少しだけ練習してみよう。

はい！　よろしくお願いします。

夢に向かってがむしゃらにがんばっているけれど、空回りばかりで一向に手ごたえがない。この状態を「まるで○○みたいな状態」だと例えてごらん。

どんなに努力しても、実らない状態ですよね。
例えば、「まるでびくともしない大きな岩を押し続けているような状態」です。この例えはいかがですか？

現状を前に進めようと努力するけれど進まない構造を、大きな岩を押すことに当てはめたんだね。
あとは空回りして、手ごたえがないということも構造

として盛り込めたら完璧だね。岩の場合は押したとき
に手ごたえがあるから、そこが少しニュアンスが異な
るかもしれないね。

そういうことか……。例えたあとになんとなく違和感
があったんです。難しいですね。
先生ならどんな風に例えますか？

そうだな……。
「まるでチェーンが外れた自転車を一所懸命漕いでい
るような状態」かな。

なるほど！　それなら空回りしていて、手ごたえがな
い構造も含まれますね！

例えることは、一番簡単にできる抽象化のトレーニン
グだから常に意識するといいよ。

目に見えない視野

　次は視野について、もう少し掘り下げてみよう。人間と魚では目がついている位置は違うよね？

　はい、魚は真横に目がついています。

　目の位置の違いは、なにを意味していると思う？

　見える範囲だと思います。目が横についているほうが広い範囲を見られるんじゃないですか？

　敵が近づいてきたらすぐ察知できるように、広い範囲を見る必要があるからね。

　……ということは、肉食動物は襲われることが少ないから目が前のほうについているんですか？

　そういうことだね。目を前につけて視野を狭くした分、肉食動物はなにを手に入れたと思う？

なんだろう？　視野は狭いより広いほうがいいような気もするんですが……。

肉食動物は、距離感や立体感を手に入れたんだ。2つの目で物体をとらえることで、立体的に見て正確に距離感が測れるようになったんだよ。
だから魚や草食動物は、立体的に見たり距離感を測ったりすることがあまり得意ではないんだ。

肉食動物が獲物を追いかけるためには、距離感は重要ですよね。

では、人間が手に入れたものはなんだと思う？

人間は立体感も距離感もしっかりしていますよね。あとはなんだろう？

それは目に見えない視野だよ。つまり、物事の関係性を把握する力だ。

物事の関係性ってどういうことですか？

因果関係や相関関係、相似関係のように目に見えない繋がりのことだよ。

目に見えない繋がりって、例えばどんなことですか？

 例えば、机の上からガラスのコップを落とせば、どうなるかはわかるよね？

 もちろんです。割れて粉々になってしまいます。

 これは原因と結果の繋がり（因果関係）が見えているから理解できることなんだ。

 なるほど！　確かに目に見えない繋がりを見ていることになりますね。

 原因と結果の繋がりを見ることは、色々なところで役立っているんだよ。君は、なにかに気をつけていることはあるかな？

 太らないように食べすぎに注意しています。

 それも原因と結果の繋がりが見えているから、気をつけているんだ。人は経験の中で掴んだ原因と結果の繋がりを使ってトラブルを回避することもできるし、物事をよい方向に進めることだってできるんだよ。

 目に見えない視野の意味がだんだんわかってきました。

原因と結果の繋がりを見るときに、視野の広さとはどういうことを指すんですか？

それは原因が影響する範囲をどこまで見ることができるかだよ。「風が吹けば桶屋が儲かる」という話を聞いたことはあるかい？

聞いたことないです。どうして風が吹けば、桶屋が儲かるんですか？

これは江戸時代にできた話なんだ。突風が吹けば砂ぼこりが舞い上がり、それが目に入って視力を失う人が増える。当時、目が見えない人たちの職業として三味線を演奏することは定番だったようで三味線が売れる。すると、その材料であるネコの皮が必要になりネコの数が一気に減る。するとネコに食べられるはずだったネズミが増える。ネズミは桶をかじってしまう。その結果、桶の修理や買い替えをする人が増えて桶屋が儲かる。こういう話なんだ。

漫画みたいな話ですね。

もちろんこれは、創作話だから実際にそんなことは起こらないだろうけど、風が吹いたという原因が影響する範囲をおもしろおかしく表しているんだ。

この話のように、原因が影響する範囲をどこまで広く
見ることができるのか、それが視野の広さだよ。

 机からコップが落ちるのは単純な話ですけど、人が関
わることだとそんなに単純じゃないですもんね。

 桶屋の例は、バトンをパスしていくような一繋がりの
イメージだったね。それが縦の因果関係だとしたら横
の因果関係もあるんだ。これは、ひとつの原因からい
くつも枝分かれして影響が横に広がっていく関係のこ
とだよ。

砂場で砂山を作って、てっぺんから水を流すと三角形に広がって流れていくようなイメージですか？

そうそう、分岐しながら広がっていくイメージだね。君はバレーボール部だったよね？　例えば、部活でマネージャーが退部したらどんな影響が出ると思う？

はい、バレーボール部です。マネージャーが辞めたら、それはもう大変ですよ！　ドリンクの補充に救急道具の管理、ユニフォームの洗濯にスコアづけなど、色々なところに影響が出ます。

マネージャーは、部活にとって重要な役割なんだね。その影響は桶屋の例のような縦に連なる影響かな？それとも横に広がる影響？

横に広がる影響だと思います。怪我や練習に関係すること、環境に関わることなど、違うジャンルにまで広がっていると思います。

そうだね。怪我のケアと練習環境の整備のように、直接繋がりがない領域に影響を与えているよね。横に広がった影響から、さらに縦や横に広がっていくんだ。だから因果関係での視野の広さとは、縦や横に広がる影響をどこまで見ることができるかなんだよ。

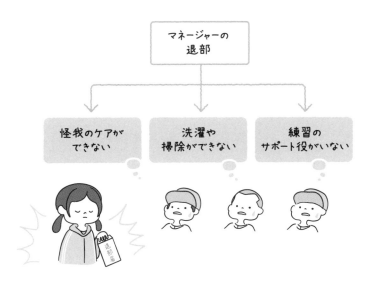

 そういうことなんですね。
相関関係はどういうことですか？

 なにかの量が変化すれば、連動してもう片方の量も変化する関係のことだよ。

 シーソーみたいなイメージですか？

 そう、シーソーも相関関係のひとつだね。片方が下がれば、もう片方が上がるからね。ただし、連動して両方が下がったり上がったりするのも相関関係だよ。

プラスでもマイナスでも連動して変化すれば、相関関係ってことですね。

そういうことだね。
例えば、円とドルも相関関係だよね。円が高くなれば、ドルは安くなる。ドルが高くなれば、円は安くなる。ほかに思い当たる相関関係はあるかな？

うーん……目的地までの時間と速度も相関関係ですよね。早く進めば必要な時間は短くなるし、ゆっくり進めばその分時間がかかります。

そのとおりだね。どちらの例も原因と結果が明らかな相関関係だけど、その繋がりが不明確な相関関係もよくあるんだ。例えば、天気が悪いと頭が痛くなるとかね。理由はどうあれ相関関係さえ掴めれば、傾向を把握したり対策したりすることだってできるんだよ。

相関関係を掴めば、予測できるようになるんですね。

そして最後が相似関係だ。相似を一言で言うと、似ていることだね。これは視野の世界では、構造が似ていることを意味するんだ。

歌とドラマの構造が似ているって話がありましたけど、

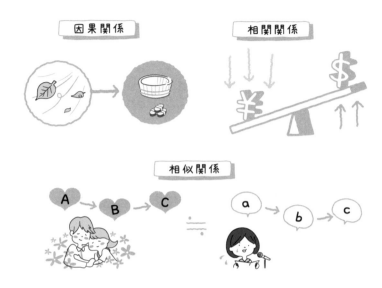

そういうことですか？

そうそう、そのことだよ。構造が似ているものを全く
別のジャンルから見つけることができれば、発想力や
応用力が飛躍的に高まるんだ。

歌の構造を応用して、原稿を組み立てた卒業スピーチ
の例もそうですか？

うん、そうだね。これも原稿の中身がパーツで構成さ
れている構造を掴んでいたからこそ、同じようにパー
ツで構成されているなにかを探すことで相似関係を応

用することができた例だね。

構造の相似関係を見る視野を鍛えることができれば、すごい武器になりますね。

そういうことだ。だからこそ、知識が重要なんだよ。知識があれば、それだけ応用できる力を持っているってことだからね。

色々なことを知っているのも視野の広さですもんね。

ただし、知っているだけではただの雑学だよ。知識をいかに自分事に結びつけられるかが肝心だ。そして自分事に結びつける手法のひとつが、構造を把握して活用することなんだ。

なるほど。確かに「知っている」と「できる」って違いますよね。今日はたくさんのことを教えていただいたので、ちょっと整理が必要です。

そうだね。では、続きは明日にしようか。

今日もありがとうございました。とても勉強になりました。明日もよろしくお願いします！

第 2 章 の ま と め

☞ 考える力をつけるためには視点・視野・
　視座が重要である

☞ 視点とは見るポイントのこと。物事を細部
　まで見る具体の視点と大きな共通点を見
　る抽象の視点でとらえると本質が見える

☞ 視野とは見る範囲のこと。因果関係、相
　関関係、相似関係を掴むことが重要

☞ 因果関係とは原因と結果の繋がりのこと。
　ひとつの原因から一方向に連鎖する縦の
　繋がりと、いくつかの方向に枝分かれす
　る横の繋がりがある

☞ 相関関係とは一方が変われば他方も連動
　する関係のこと。物事の傾向を掴むとき
　に役立つ

☞ 相似関係とは物事の骨組みや仕組み、性
　質が同じか、似ていること

☞ 視座とは立場のこと。立場によっても
　の見方が変わる

論理的
に考える

話のわかりやすさ

 先生、今日もよろしくお願いします！

 よろしく。さっそくだけど、君は話がわかりづらいって言われた経験はあるかな？

 はい、よく言われます……。頭に浮かんだことをそのまま話してしまうので、なにを言いたかったのか私自身もよくわからなくなってしまうことがあります。

 伝えることは、相手の真っ白な頭の中に情報を組み立てていくことなんだ。だから、相手は話を聞きながら頭の中で情報のパーツをうまく組み立てられないと、話がわかりづらいと感じるんだよ。

 そうなんですね……。

 話がわかりづらい原因は、大きく分けると5つあるんだ。それは「情報の省略」「時系列の前後」「話の構成」「内容の抽象度」「論理の展開方法」だよ。

情報の省略

 まずはひとつ目の情報の省略は、「文法の省略」と「事象の省略」だ。

 文法と事象の省略ですか？

 そう。日本語は主語や目的語を、省略して話しても通じるだろう？
例えば、母の日のことを話しているときに「カーネーションをプレゼントした」と言っても、意味は通じるよね。「誰が誰に」の部分を省略しても、話題の共通認識だから問題ないんだ。しかし、省略した部分が共通認識ではない場合、話がわかりづらくなるんだよ。

 「それは誰が言ったの？」「誰にそれを言ったの？」と、聞き返されることがあるんですけど、そういうことだったんですね。

 自分の頭の中の情景を、相手と一緒に見ながら話せるなら「誰が誰に」や、「誰になにを」を省略しても相

第3章 論理的に考える

手はわかるよね。ただ実際はそうではないから省略すると話の流れを見失ってしまうんだ。だから話を進めながら、相手の頭の中にある情景や情報に合わせて省略できないことがなにかを考えることが大切なんだ。

相手の頭の中をイメージしながら、伝えることが大切なんですね。自分と同じ映像が相手の頭に浮かんでいるような気になって、ついつい省略して短い言葉で話していました。

ところが英語では、そうはいかないんだ。英語は文の型が決まっているから、主語や目的語が入るべき場所の単語を省略してしまうと意味が通じなくなる。文法を省略できることは、コミュニケーションを便利にも不便にもする日本語の特徴なんだ。

すべてを言わなくても、くみ取ってもらえるとラクだし便利ですよね。しかし、省略の仕方を間違えるとコミュニケーションの妨げにもなるってことですね。

そういうことだね。次は事象の省略について考えてみよう。事象は簡単に言うと出来事や状況だよ。その出来事や状況を省略してしまうことなんだ。

出来事を省略してしまうことなんてあるんですか？

実は結構あるんだよ。しかも無意識にね。話したいことに関係する周辺の出来事や情報を、共通認識のように錯覚して省略してしまうんだ。人は話を聞くときに原因と結果の関係や整合性を頼りにしているんだ。だから必要な情報が省略されて、因果関係や整合性に違和感を覚えると、頭の中に疑問が残って消化不良のまま話を聞いてしまうんだよ。そして最後には話がわかりづらいと感じるんだ。

例えばどういうことですか？

そうだな……。学校の前の大通りにコンビニがひとつあるよね。その前ですごく可愛いイヌを見かけた話を友達にするとして、こう言ったらどうだろう？
「学校前の大通りの右側にコンビニがあるよね？ その前で、すごく可愛いイヌが散歩しているのを見かけたんだ」。

あれ？ 先生？ コンビニは大通りの左側じゃないですか？

今、頭の中にクエスチョンマークが浮かんだよね。これが情報を組み立てるときに辻褄が合わず、引っ掛かりが生まれた状態だよ。
では、次の情報を話の最初につけたらどうだろう？

「登校しているときの話なんだけど」。

あ！　なるほど！　学校に向かって登校しているとき
なら、コンビニは大通りの右側になりますね。私は今、
学校にいるから下校する方向から見た大通りをイメー
ジしていました。

状況を省略してしまったことで、お互いのイメージに
ズレが生まれたんだ。こういう状況の省略は知らない
うちに結構やっているものだよ。

そうですね。この間、友達から小学校時代の同級生と
公園で偶然会った話を聞いたんです。そうしたら、い
つの間にかお茶をしている話になっていて、少し混乱
しました。公園で会ったあとにカフェに行ったんだろ
うなって勝手に想像して辻褄を合わせましたけど……。

簡単に辻褄を合わせられる程度なら、問題ないかもし
れない。しかし、聞き手に辻褄を合わせてもらうこと
は相手の脳に負担を与えていることでもあるんだ。だ
から、その回数が多ければ多いほど、聞き手の負担が
増えてわかりづらい話になるんだよ。

そっか。相手のためにも、聞きやすい話にするために
は、文法と事象の省略に気をつけないといけませんね。

時系列の前後

 次に「時系列の前後」だけど、これは時間の流れに沿って話を進めずに話が前後してしまうことだよ。

 これはよくわかります。思いついたまま話していると、話が行ったり来たりしちゃうことがよくあります。

 なぜ、話がわかりづらくなるかわかる？

 これも話の辻褄が合わなくなるからじゃないですか？

 そうだね。さっきの情報の省略のように、聞き手は足りない情報を憶測で補って辻褄を合わせているけれど、話の流れが後ろに戻ると省略されていた部分があとから現れることがあるんだ。
つまり、それまで聞き手が憶測で作った辻褄が合わなくなってしまうんだ。

 ますます聞き手は、話が迷子になりそうですね。

もう一度、話の流れを掴み直すことはさらに聞き手への負担に繋がるんだ。例えば、さっきの友達が同級生と公園で会ったあと、カフェに行ったんだろうなと辻褄を合わせたと言っていた話。もし、そのあとに「そういえば、友達のお家へ行く途中に桜が咲いているのを見たんだ」という話題が出たら、少し混乱してしまわないかい？

頭の中がクエスチョンマークでいっぱいになります。「カフェに行ってから、友達の家に行ったのかな？」「カフェではなくて、そもそも友達の家でのことだったのかな？」って。

相手の頭の中を整理しやすくするためにも、時間の流れに沿って話すことは大切なんだ。

情報の省略や時系列の前後も、辻褄を正確に掴むという点で大切なことなんですね。

話の構成

 次は「話の構成」について。話の構成は「ストーリー型」と「ピラミッド型」の2種類あるんだ。
ストーリー型は時間の流れに沿って話すこと。これは話を最後まで聞かないと、話の目的や結論がわからないんだ。だからオチのある話や、驚きを与えるときに持って来いの方法だね。

 「話には起承転結が大切だ」って聞いたことがあります。これもストーリー型のことですか？

 そうだね。「起」で状況を説明して、「承」で本題に入り、「転」で出来事や展開を示して、「結」で結末を伝える。まさにストーリー型だね。ストーリー型は記憶に残りやすいことが最大の特徴なんだ。

 確かに今まで見た映画や漫画も、ストーリーをなんとなく覚えているものが結構あります。

 最も多くの人が覚えている、ストーリーのジャンルは

なんだと思う？

 うーん……。誰でも知っているストーリーといえば、昔話じゃないですか？ 『桃太郎』や『浦島太郎』は誰でもストーリーを話すことができると思います。

 そうだね。今は絵本になっていたりもするから、誰しも一度は聞いたことや見たことがあるだろうね。
ただ、昔話や神話は文字がなかった時代から存在しているんだ。ストーリー型の覚えやすさが、今日まで語り継がれている秘訣だよ。

歴史もストーリーにすると、覚えやすいって聞いたことがあります。

 歴史年表を丸暗記するのは、とても骨の折れることだからね。だからこそ、記憶するためにストーリーの力を使った勉強方法だね。

例えば「645年、大化の改新」と覚えても、それはただ文字列を暗記している状態だけど、ストーリーでとらえるとどうだろう？

朝廷を牛耳っていた蘇我氏の横暴が日に日にエスカレートし、手に負えない状態になった。そこで蘇我氏を滅ぼすために偽の儀式をセッティングし、当日後ろから蘇我氏に襲い掛かり計画は成功。これをきっかけに行われた政治改革を、大化の改新と呼ぶ。

 ただの文字列が一気にドラマみたいになりましたね！

 ドラマと同じように感情を動かされるから、記憶に残りやすいんだ。

 なるほど！　確かに気持ちが動くと、覚えられるかもしれません。

 ストーリーが心を動かす力は様々なところで利用されているんだ。代表的なのは映画だね。アメリカの神話

学者ジョーゼフ・キャンベルが世界各国の神話を調べた結果、神話には日常世界を描くパートや冒険への誘いを描くパートなど、12段階に分けられるそうだ。これは、いくつもの物語を抽象的にとらえ、共通点を見出した例だよ。世界的に大ヒットした映画の中には、12段階に沿って製作しているものが多いんだ。

そうなんですね。もうひとつのピラミッド型は、どういうことですか？

ピラミッド型は、全体像を伝えてから話すことだよ。相手にアクションを求める場合に有効な方法だね。相談事や頼み事、提案、あとは判断を仰ぐときとかね。

どうしてピラミッド型だと、相手がアクションをしやすくなるんですか？

抽象的な情報から具体的な情報へと段階的に降りて行くことで、問題の本質を的確に伝えられるんだ。話全体を最も抽象的に表すのが、ピラミッドの頂点だよ。例えば、文化祭で演劇をするとして、今決まっている配役の入れ替えを相談したいとする。すると、ピラミッドの頂点は「文化祭での演劇の配役についての相談」になるよね。そして一段階降りて、「山田さんと鈴木さんの配役を入れ替えたほうがいい」と相談内容

抽象

情報が具体的になり増えていく

文化祭での演劇の
配役について相談

山田さんと鈴木さんの
配役を入れ替えたほうがよい

明るい雰囲気の山田さんが知的な役で
知的な雰囲気の鈴木さんが明るい役になっている

具体

を伝える。さらに「理由は明るい雰囲気の山田さんが
知的な役で、知的な雰囲気の鈴木さんが明るい役になっ
ているから」と具体的に説明していく。

 その順番で伝えてもらえると、無駄なく情報をキャッチできますね。

 ピラミッドの頂点にある抽象的な話から、裾野にある具体的な話へ話題が向かっていくイメージだね。

 ここでも抽象と具体が出てくるんですね。やっぱり重要な視点なんだなってことがよくわかります。

第3章 論理的に考える

89

内容の抽象度

 君は人の話が長いと感じるときはあるかな？

 あります。話がなかなか進まなくて、なにを言いたいのかわからないときです。

 ほかには？

 話を聞いてもう十分内容を把握できているのに、説明がまだまだ続くときです。

 なるほどね。どちらも話の中の情報量が多いことが共通点だね。話が進まなくてなにを言いたいのか掴めないってことは、起承転結が見えないってことだよね。「起」や「承」の各パーツの情報量が多すぎて、話が前に進まないんだ。

 そっか……。でも、適切な情報量を伝えることって難しいと思います。

まずはなにを伝えたいのか、その目的を明確にすることが大切だよ。話全体の目的はもちろんだけど、起承転結のような各パーツにもその目的があるはずなんだ。例えば、「起」では状況を、「承」ではどのような事態になったかなどね。それぞれの目的と重要度が明確になっていれば、自ずと程よい情報量が見えてくるはずだよ。

重要度ですか？

そう。重要か重要ではないかによって、どれくらい具体的に話すかが変わるということ。具体的になればなるほど、情報量が増えるし、逆に抽象的になれば情報量が少なくなる。なにをどこまで伝える必要があるのかは、その目的と重要度が決め手になるんだ。

難しくて、なんだかよくわからないです……。

そうだな……。例えば、『桃太郎』で考えてみよう。この物語の冒頭には、おじいさんが山へ柴刈りに、おばあさんが川へ洗濯に行くよね。
『桃太郎』を起承転結に分けると、「誕生」「旅立」「退治」「帰還」になると思うんだ。だから、おじいさんの柴刈りやおばあさんの洗濯は、「誕生」に含まれる。「誕生」で伝えたいことは、川から流れてきたモモか

誕生

帰還

退治

旅立

ら男の子が生まれるということだ。だからおじいさん
の好物や、おばあさんの日課などの個性を際立たせる
ような描写は必要ないんだよ。

本当に必要な情報だけだと、『桃太郎』のお話なんて
ほんの数行で終わってしまいませんか？

確かにそうだね。ただ数行で終わってしまうと抽象的
になり、正しく相手には伝わらないんだ。だからそこ
で大切なのは、「最も伝えたいことはなにか」という
ことなんだ。最も伝えたいことこそ、相手が頭の中で
鮮明にイメージできるぐらい具体的にして、正確に情

報を伝える必要があるんだ。

具体的で情報量が多すぎることが問題ではなく、話の目的や重要度に応じて情報量に濃淡がついていないことが話のわかりづらさに結びついているんだよ。

話の中に情報が濃いところと薄いところがあると、どこが重要なポイントなのかが掴みやすいですもんね。

話の目的を果たすために、今なにをどこまで詳しく伝える必要があるのか。それに応じて内容の抽象度を使い分けることが、話のわかりやすさには大切ということだね。

論理の展開方法

さて、これまで話がわかりづらい原因を説明してきた
けれど、最後の5つ目は、「論理の展開方法」だ。こ
れは、なぜその結論なのかを示す、根拠の組み立ての
ことだよ。

結論に対する根拠の組み立てですか？　なんだか、す
ごく難しそうな話ですね。

そんなに複雑な話ではないよ。根拠の組み立て方は、
全部で何通りあると思う？

うーん……。100？　200？　……数えきれないぐら
いたくさんあるんじゃないですか？

実はたったの2通りなんだよ。人間が根拠を示すとき
は、その2つの方法を使っているんだ。

2つしかないんですか！　そもそも根拠を組み立てる
方法があるってことを考えたこともなかったです。

どちらも普段から物事を考えるときに、頭の中で自然と使っている方法なんだ。もちろん、いくつかのことに注意しなければ、説得力が欠けたり話の筋が通らなくなってしまうんだよ。

その方法を感覚的に使わず、理解して使うことが大切なんですね。それはどんな方法なんですか？

「演繹法」と「帰納法」だよ。名前は難しそうだけど、そんなに構えることはないよ。
君が今一番ほしいものはなにかな？

最新のパソコンがほしいです。

なぜ？

休みの日に散歩したり友達と出かけたりしたときに、撮った写真や動画を編集することが好きなんです。だけど、今使っているパソコンは、処理速度が遅くて困っているんです。だから最新のパソコンがあれば、サクサク動くので編集の際にすごく便利かなと思って！

なるほど。ありがとう。今の君の説明は、演繹法を使った論理展開だったね。

え？　そうなんですか？

 君の説明では「最新のパソコンは編集の処理速度が速い」、「所有しているパソコンは編集速度が遅い」だから「最新のパソコンを購入すれば便利になる」と言えるよね。このように三段階の流れで展開する方法が演繹法なんだ。

 情報を三段階に並べるだけでいいんですか？

 この三段階にはルールがあるんだ。最初に来る情報が大前提。今回の場合は「最新のパソコンは編集の処理速度が速い」だね。この大前提は誰もが認めることや、揺るぎないことでなければいけないんだ。大前提を軸に論理を展開していくから、大前提が間違っているとそのあとの展開も間違ってしまうんだよ。

 演繹法の基準になる情報が大前提ってことですね。

 そういうことだね。大前提の次は観察事項。これは、出来事や考えたこと。今回の場合は「所有しているパソコンは編集速度が遅い」だね。この観察事項と大前提を照らし合わせて、結論を導くんだ。もちろん結論は、「最新のパソコンを購入すれば便利になる」だよね。

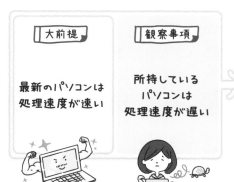

演繹法1

大前提	観察事項	結論
最新のパソコンは処理速度が速い	所持しているパソコンは処理速度が遅い	最新のパソコンに買い替えたほうが便利

なるほど。大前提を軸にして、ある結論を導く方法が演繹法ですね。

少し演繹法の練習をしてみよう。
例えば、①Aさんの家族は隣町の高校に通っている。②隣町には女子校しかない。さて、この2つからどんな結論が言えるかな？

Aさんの家族は女の子だと言えます。

そうだね。では①と②、どちらの情報が大前提になるかな？

演繹法2

大前提	観察事項	結論
隣町には女子校しかない	Aさんの家族は隣町の学校に通っている	Aさんの家族は女子である

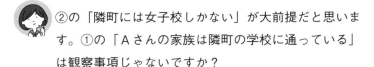

②の「隣町には女子校しかない」が大前提だと思います。①の「Aさんの家族は隣町の学校に通っている」は観察事項じゃないですか？

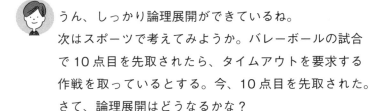

うん、しっかり論理展開ができているね。
次はスポーツで考えてみようか。バレーボールの試合で10点目を先取されたら、タイムアウトを要求する作戦を取っているとする。今、10点目を先取された。さて、論理展開はどうなるかな？

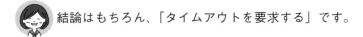

結論はもちろん、「タイムアウトを要求する」です。

そうだね。作戦が大前提で、試合の状況が観察事項だね。演繹法の論理展開については、わかったようだね。

 はい。ただ、ひとつ気になることがあります。実際はこんなに丁寧に情報を並べて、考えたり話したりしないように思います。先生がさっき言ったように、日頃からこういった方法を使っているってことが、ピンとこなくて……。

 普段3段階で考えていないように思う原因は、大前提にあるんだ。事実やルール、規則、常識などが大前提になるけれど、人は当たり前のことをわざわざ再確認

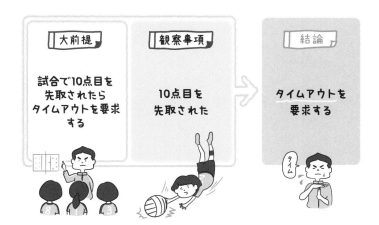

演繹法3

大前提	観察事項	結論
試合で10点目を先取されたらタイムアウトを要求する	10点目を先取された	タイムアウトを要求する

大前提の省略

大前提	観察事項	結論
？	所持している パソコンは 処理速度が遅い	最新のパソコンに 買い替えたほうが 便利？

しないからね。だから、無意識に大前提を設定していることがよくあるんだ。無意識だからこそ、人に伝えるときにも大前提を省略して話してしまうんだよ。

また省略が出てきましたね。

さっきのパソコンの話で言うと、大前提を省略して「今持っているパソコンは処理速度が遅いから最新のパソコンがほしい」と言っても、多くの人は納得できるよね。新型になればなるほど、パソコンの性能が上がっていくことはみんなが知っている事実だから。

大前提を省略しても問題はないってことですか？

大前提が周知の事実であれば、省略しても問題はないよ。ただ、問題が起こる場合もあるんだよ。周知の事実ではない大前提が、なにかわかるかな？

うーん……。「赤信号は進む合図だ」など、そもそも間違っている事実ってことですか？

それもひとつの答えだね。大前提が間違っていると結論も間違ってくるから、話を聞いている人には論理立てて聞こえないんだ。例えば、「赤信号だから進んだのに、事故に遭いそうになった」って言われても、そりゃそうでしょう？　って。

そういうことを間違える人って少ないですよね？

社会的なルールなんかはそうだろうね。ただ、人によって異なることが大前提の場合はどうだろう？

人によって異なる大前提なんてあるんですか？

それは主観や価値観によって生まれる大前提だよ。例えば、「子どもは厳しく育てるべきだ」という大前提を持っている人がいるとしよう。その人が「子どもは

省略された大前提 …のズレ

| 大前提 | 観察事項 | 結論 |

子どもは褒めて育てる

子どもは厳しく育てる

子どもの宿題が捗っていない

できているところを褒めた

叱って宿題をさせる

褒めて育てるべきだ」という人と話をした場合、どうなるかな？

褒めて育てる人から「子どもの宿題が捗っていなかったので、できているところまでを褒めた」と聞いたら、「赤信号なのに進んだ」と同じぐらい矛盾したことを言っていると思うよね。

なるほど。価値観は人それぞれだから、みんなが同じ大前提ではない場合もありますよね。

これはどちらの大前提が正しくてどちらの大前提が間違っているという問題ではないんだ。人それぞれの主

観や価値観が大前提になっているとき、それを省略してしまうと論理展開が繋がっていないように聞こえてしまうんだ。

自分が大前提にしていることが、他人は違うかもしれないってことですね。

そう。人はついつい他人も、自分と同じ考えを持っていると思ってしまうんだ。

結論を出す前に自分が大前提にしていることはなにか？　そしてそれは、誰もが認めることなのかを確認すると予防できそうですね。

演繹法で注意しなければならないことが、もうひとつあるんだよ。それは論理の飛躍だ。
例えば、大前提が「海外で邦楽への関心が高まっている」としよう。観察事項が「海外でデビューする日本人アーティストが増えている」。結論が「日本の音楽市場は衰退する」だとする。

それはちょっと言いすぎじゃないですか？　いくらなんでも極端ですよ。

桶屋の話を覚えているかな？　あのタイトルを聞いて

なるほどと納得できる人はいないよね。論理の飛躍も
同じなんだ。省略された経緯を聞けば話の辻褄が合う
ように、論理の飛躍も途中の論理展開が省略されたと
きに起こりやすいんだ。

省略されて間が飛ばされているから、飛躍しているっ
てことなんですね。

さっきの例えに省略された展開をつけ加えてみよう。
まず大前提は、「海外で邦楽への関心が高まっている」。
観察事項は「海外でデビューする日本人アーティスト
が増えている」。そして結論は「国内で活躍する日本
人アーティストが減る」。
この三段階でひとまず結論に達するんだ。

これで終わりですか？

いや、この結論を大前提にしてさらに演繹法を展開す
るんだよ。大前提は「国内で活躍する日本人アーティ
ストが減る」。観察事項が「邦楽を聴く日本人が減る」。
結論は「日本の音楽市場は衰退する」。
あくまでも例えだから信ぴょう性はさておき、ここま
で繋がりを展開すると、突拍子もない結論という印象
はなくなるよね。

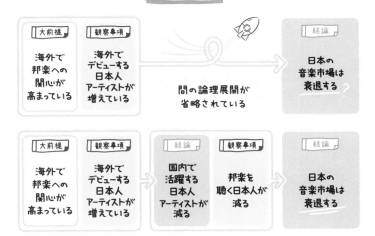

　確かに。自分の中で繋がっていても、それを省略してしまうと相手には飛躍しているように聞こえるんですね。

　そう。そしてもうひとつのポイントは、演繹法をいくつも重ねて結論を導いているところだね。今までは1回で演繹法が完結する例だったけれど、実際には演繹法をいくつも重ねて結論を導いているんだ。だから自分の考えを整理するときは、1つひとつ演繹法の道筋を丁寧に辿ることが大切だよ。

　根拠と結論がいくつも繋がっているときは注意します。

最後にもうひとつだけ演繹法の注意点を説明するよ。「ウォーキングは健康によい」。「Bさんは風邪を引いて寝込んでいる」。だから「Bさんはウォーキングをしたほうがよい」。さて、おかしな点はあるかな？

色々とおかしいですよ！　Bさんをゆっくり休ませてあげないと！

具体的には、なにがおかしかったかな？　一見、演繹法としては成り立っているように感じないかい？

確かにそうですけど……。ウォーキングが健康によいのは、普通に生活している人に限った話です。健康的な体作りや、健康を維持するためによいって話です。

そうだね。風邪を引いている人は、健康的な体作りをする前にしっかり療養しないとね。つまり、大前提に当てはめる人を間違えているんだね。こういったパターンは言葉の定義の違いで起こりやすいんだ。
例えば、将来の「夢」と寝るときに見る「夢」は、同じ字でも意味は違うよね。そこでこんな論理展開をしたらどうだろう。大前提は「夢は寝ている間に見る」、観察事項は「夢は生きがいを与えてくれる」。結論として「たくさん寝たほうが生きがいを得られる」。

それとこれとは違う話でしょって、ツッコミたくなりますね。

今のはすごくわかりやすい例だったけれど、言葉や概念の定義がすり替わったり、微妙にズレてしまったりすることは珍しくないんだ。言葉の意味もしっかり把握することが大切だよ。

なるほど。わかりました！

次は「帰納法」について説明するよ。演繹法は大前提をもとに結論を導いたね。帰納法は出来事や見聞きした、いくつかのことをまとめて結論を出す方法なんだ。

抽象化みたいですね。チワワ、柴犬、ブルドッグをまとめてイヌっていうくくりにしたみたいに。

そのイメージが近いかもしれないね。帰納法は基準を作り出すんだ。演繹法でいう大前提を生み出すイメージだね。例えば、科学者や物理学者は自然現象を観察・研究して、共通する法則を見つけ出す。法則ができたあとは、それを様々な場面に当てはめて応用していくんだ。この法則が大前提であり、基準だね。

なるほど。なんとなくわかったような気がします。

帰納法1

観察事項

1 まんぷく食堂は
地元で評判

2 まんぷく食堂は
最近テレビで紹介された

3 まんぷく食堂は
満席の日が増えてきた

結論

まんぷく食堂は
行列のできる
人気店になる

では実際に帰納法を行ってみよう。君は学校の裏に食堂があるのを知っているかな？

まんぷく食堂ですか？　おふくろの味って感じでおいしいですよね。

確かにおいしいと地元で評判だね。最近、テレビで紹介されたしね。近頃は満席の日も増えてきたようだ。さて、この3つのことからなにが言えるかな？

行列のできる人気店になりそうですね！

うん。そうやっていくつかの事柄から共通した要素を抜き出して答えを出す、それが帰納法だよ。そして実際に行列のできる人気店になったとき、その事実は大前提になるんだ。

帰納法で注意しなければならないことはありますか？

そうだな……。例えば、C君が転校してきたとしよう。転校初日、C君にあいさつをしたら声が小さかった。お弁当をひとりで食べていた。休み時間は読書をしていた。さて、C君のことをどんな人だと思う？

内気な人なのかなぁって思います。

そう思うのも仕方がないね。だけど、初日だから緊張して声が小さくなってしまったのかもしれないし、続きが気になって仕方ない小説を読んでいる最中だったのかもしれないよね。C君の一面しか見ていない状態で、内気な人だと決めつけるには情報が足りていないんだ。
しかし、このような少ない情報で、人を判断したり状況を決めてしまったりすることがよくあるんだよ。

私も結構やってしまっているような気がします……。それも帰納法だったんですね。

偏ったサンプル

観察事項

| 1 | C君は朝のあいさつの声が小さい |

| 2 | C君は昼食をひとりで食べていた |

| 3 | C君は休み時間に読書をしている |

| 4 | C君は放課後すぐ帰る |

| 5 | C君は芸能活動をしている |

| 6 | C君はバンドマンだ |

結論

C君は
内気な人だ

だから物事は簡単に決めつけないで、なぜそう言えるのかを情報の質と量でしっかり見極めることが大切なんだ。

では、次の情報から帰納法で結論を導いてくれるかな？　①洋楽を1年間聴き続けているDさんは、英語のテストで毎回85点以上を取っている。②洋楽を2年間、聴き続けているEさんは英語のテストで毎回90点以上を取っている。③洋楽を3年間、聴き続けているFさんは英語のテストで毎回95点以上を取っている。さて、どんな結論が導けるかな？

うーん……。洋楽を聴き続けると英語の点数が上

がる？

帰納法としてはおかしくないけれど、結論としては違和感がないかな？

はい。私も洋楽を聴きますが、英語の点数が上がることはないです……。

これは表面的にはそうなのかもしれないけれど、実は裏に隠れた原因があるんだよ。

実は違うことが関係しているってことですか？

第三因子

観察事項 → 結論

1	Dさんは1年間洋楽を聴き続け英語の点数はいつも85点以上だ
2	Eさんは2年間洋楽を聴き続け英語の点数はいつも90点以上だ
3	Fさんは3年間洋楽を聴き続け英語の点数はいつも95点以上だ

洋楽を聴き続けると英語の点数が上がる

は1年間洋楽を聴き続け
数はいつも85点以上だ

楽を聴き続け
〇〇点以上だ

洋楽を聴いている期間の長さは英語に関心を持っている期間の長さなのかもしれない

英語に長く関心を持っているほどテストの点数が高い

そういうことだ。例えば、洋楽を聴き続けている期間は、その人が英語に関心を持ち続けている長さの表れかもしれない。それが表面的には洋楽を聴く長さとして見えているのかもしれないね。

なるほど！　一見関係がありそうに見えても、本当はもう一段階深いところに本当の原因が隠れているってことですね。

帰納法を使って結論を導くときには、真の原因が隠れていないかにも注意しないといけないね。

モレなく ダブりなく

ここまで「話がわかりづらくなる原因」を5つ見てきたね。「情報の省略」「時系列の前後」「話の構成」「内容の抽象度」「論理の展開方法」。これらを意識して話すことは、考える力を養うためにも重要なんだ。
次に、ピラミッドの話をしよう。さっき話の構成には、ストーリー型とピラミッド型があると言ったよね。あのときの話は、抽象と具体のピラミッドだったんだ。しかし、実はもうひとつ、「結論と根拠のピラミッド」があるんだよ。

そうなんですか?

うん。どんなものだと思う?

さっきの「抽象と具体のピラミッド」は頂点から下に向かって話を具体的にしていくイメージでしたよね。「結論と根拠のピラミッド」も同じじゃないですか?結論が頂点で根拠が下にあるイメージです。例えば、結論から話してそのあとに根拠を伝えるとか!

第3章 論理的に考える

113

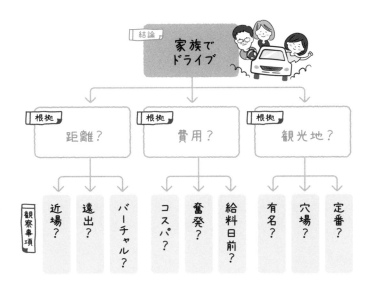

結論 家族でドライブ

根拠 距離?

根拠 費用?

根拠 観光地?

観察事項

近場?　遠出?　バーチャル?

コスパ?　奮発?　給料日前?

有名?　穴場?　定番?

そのとおり。ただし、ピラミッドは下に向かって広がっていくだろう?　それと同じように、ひとつの結論にも複数の根拠がある場合が多いんだ。
君のお家は、家族でドライブしようと決まったとき、目的地はどうやって決めているのかな?

私の家の場合、みんなが行きたい場所を出し合って、相談します。最終的にはお父さんが決めていますよ。

おそらくお父さんは、多面的に判断しているはずだよ。
目的地までの距離や費用、観光スポットなどをね。

私たちは好き勝手に行きたい場所を言っているだけですけど、判断の決め手になることがいくつかあったんですね。

それが根拠になっているんだね。根拠を挙げるときに気をつけなければいけないのは、モレやダブリがないようにすることなんだ。
例えば費用が抜けている場合、実際に行ってみたら予想を上回る出費があって、ドライブはしばらくお預けになるかもしれない。

それは困ります。いつも楽しみにしているんですから！　しかし、今そうなっていないってことは、モレがなかったってことですね。

そうだね。そしてダブることもまた避けないといけないよ。例えば、今回のドライブの距離を決めたあとに所要時間を考えても無駄だよね。距離が決まれば時間も決まるから、同じことを2回考えていることになる。

効率的に考えるために「モレなくダブりなく」が大切なんですね。

そう。モレなくダブりなく検討できるようになるには、物事を色々な切り口で見ることが重要なんだ。

そうなんですね。……私にもできるかな？

 せっかくだから、今から「学校」を色々な切り口で分類してみよう。

 例えば、女子校・男子校ですか？

 そこに共学を入れると、モレなくダブりなく分類できているね。今は学校に通う生徒の性別で学校を分類したけれど、ほかの切り口はあるかな？

 うーん……。あ！　小学校・中学校・高等学校・大学はどうですか？

 進学する順序という切り口だね。専門学校や大学院を含めるとモレはないね。ほかには国立・公立・私立のように運営という切り口もあるし、野球部がある・ないという分け方だってできる。目的に応じた切り口ですべての要素をリストアップすることが大切なんだ。

 悩むときや物事を決められないときは、その問題に関わることをモレなくダブりなく見られていないのかもしれないですね。

 問題の結論を出すとき、その根拠を柱だとすれば、多

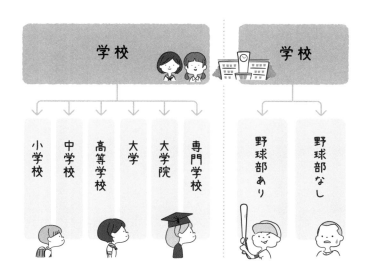

面的に根拠を洗い出すことは何本の柱で結論を支える
のかということなんだ。その柱を太く丈夫にすること
が論理展開。演繹法と帰納法なんだよ。

 そうやって頑丈なピラミッドを作っていくんですね。

 そういうことだね。
最後にもうひとつ、質問しよう。部活にはキャプテン
がいるよね。キャプテンに必要なことはなんだろう?

 キャプテンに必要なことは、リーダーシップです。あ
とは統率力や気配り、コミュニケーション能力や真剣

117

に練習に取り組む真面目さだと思います。

なるほどね。まず押さえておきたいことは、言葉には定義があるということだ。つまり、リーダーシップや統率力、気配りとはどのような意味なのか。例えば、「リーダーシップを詳しく教えてください」と言われたらどのように説明するかな？

そうですね……。みんなをまとめる力、やる気を起こさせる力、みんながついていきたいと思える立ち居振る舞いや引っ張っていく行動力だと思います。

では、統率力はどうかな？

統率力は、みんなをまとめる力です。あれ？　さっき言いましたよね？

言っていたね。リーダーシップの中には、統率力が含まれているんだよ。ここでも具体と抽象の関係でとらえることが大切なんだ。リーダーシップという抽象的な概念の中に含まれる要素を、具体的にしていくとそこには統率力が含まれているということだね。言葉を横に並べるときは、概念の抽象度を揃えることが大切なんだ。

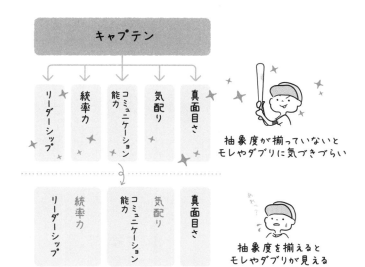

抽象度が揃っていないと
モレやダブリに気づきづらい

抽象度を揃えると
モレやダブリが見える

 イヌとチワワの関係と同じですね。キャプテンの例で言うと、同じ抽象度にせずにイヌ、チワワ、モモみたいに抽象度が違う言葉を混ぜて並べてしまったってことですよね。

 そういうことだね。抽象度が違う概念が混ざることがモレやダブリの最大の原因になるんだ。今回はリーダーシップの中に統率力が含まれるから、ダブっていることになるね。

 そうなると、気配りとコミュニケーション能力もそうですね。

119

よく気づいたね。この場合は、どっちのほうが抽象度の高い概念かな？

コミュニケーション能力です。コミュニケーション能力の中にある、様々な要素の中のひとつが気配りだと思います。

そうだね。あと大切なことは、正解がないということだ。

どういうことですか？　問題に正解はないというのはわかりましたけど、そのことですか？

分け方だよ。モレなくダブりなく分けたときにも、正しい答えはないんだ。例えば、キャプテンに必要なことを違う人が挙げたら君とは違う答えになっていると思うんだ。愛嬌や頑固さを必要だと考えるかもしれない。

確かに人によって、キャプテンはこうあるべきだっていうイメージは違うかもしれないですね。

知識や経験、価値観などがそれを決めるんだ。例えば、小学生と大学生が考えるキャプテンに必要な要素は違うよね？　大学生のほうがより多くのことが見えてい

るから、小学生よりも本質的なはずだよ。そして同じ
高校生同士でも違ってくる。

 確かにそうですね。

 もう少し「結論と根拠のピラミッド」の練習をしてみ
よう。下図に書かれている文章を読んで、ピラミッド
状に情報をまとめてみよう。

 結論を頂点にして、根拠を柱にするんですよね。結論
が「みんなで映画を見る日は再来週の日曜日」です。
根拠は２つあって「メンバーが集まりやすい」「見る

みんなで映画を見に行く日程について

色々考えた結果、映画を見に行く日は再来週
の日曜日にメンバーが集まりやすいということに
なりました。
最近は色々なジャンルの人気映画がたくさん公
開されているため、どの映画を見るか選ぶのにも
時間がかかっています。
だから急がず、再来週に映画を見に行くことに
なりました。

from.

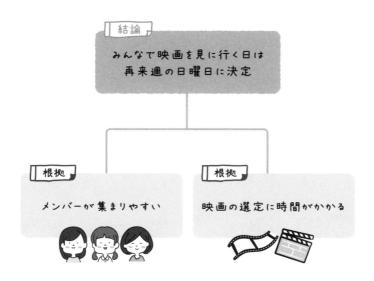

結論

みんなで映画を見に行く日は
再来週の日曜日に決定

根拠

メンバーが集まりやすい

根拠

映画の選定に時間がかかる

映画を選ぶのに時間がかかっている」ですね。

バッチリだね！　ピラミッド状にまとめると自分の理解も深まるし、人に伝えるときも簡潔に伝えられるようになるよ。ピラミッドの上から下に行く流れで、今の情報を整理してくれるかな？

はい。みんなで映画を見る日は、再来週の日曜日に決まりました。理由は２つあります。メンバーが集まりやすいこと、見る映画を選ぶのに時間がかかっているからです。

そうだね。どうして映画を選ぶのに時間がかかっているのかと聞かれたら、さらに具体的な情報を伝えるといいよ。

 今回の場合は、色々なジャンルの人気映画が公開されているってことですね。

 そうだね。君が作ってくれたピラミッドの構造を少し解説するよ。実はこのピラミッドには、ルールがあるんだ。

 そうなんですか？　私、ルールを守れていましたか？

 問題なかったよ。ルールは縦と横の２種類あるんだ。縦のルールは上から下へ降りるとき、「なぜそう言えるのか」という問いの答えになっていないといけないんだよ。
みんなで映画を見る日は、再来週の日曜日が最適だと言えるのはなぜか。理由はメンバーが集まりやすいから。そして映画を選ぶために時間が必要だから。

 なるほど。結論の根拠だから、なぜそう言えるのかなんですね。

 下から上へ昇るときは、「つまり、どういうこと？」

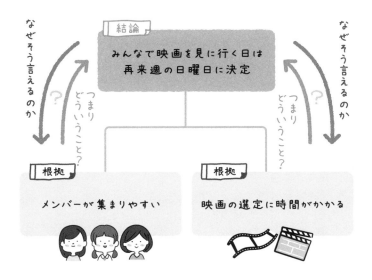

で情報が繋がれているんだ。再来週の日曜日はみんな
が集まりやすい。かつ、みんなで見る映画を選ぶため
に時間が必要である。つまり、何日が最適か？　それ
は、再来週の日曜日だ。ピラミッドの上下ではこうい
う関係性が保たれていることが大切なんだ。

自分の考えをピラミッドにまとめたあと、チェックす
るといいですね。

別の見方をすれば、下から上の関係は演繹法や帰納法
で論理展開されているんだ。

確かにそうですね！ 結論に繋がるから演繹法か帰納法のどちらかになるってことですね。

そう。横のルールは、モレなくダブりなく根拠を網羅することなんだ。

「メンバーが集まりやすい」と「映画選びに時間がかかる」は、モレなくダブりなく根拠を挙げられていますか？

わかりづらい場合は、抽象度の高い言葉に置き換えてみるといいよ。メンバーが集まりやすいというのは「参加者の都合」、映画選びに時間がかかるというのは「映画の選定」だね。「参加者の都合」と「映画の選定」、そのほかに考えなければならないことはあるかな？

そういう見方をすれば、考えやすいですね。チケット代は同じですし……。人気映画って書いてあったから、もしかしたら混雑具合でその日に見られない可能性もありますよね。

そうだね。このメモには書かれていなかったけれど、「映画の選定」の中に映画の内容と混雑具合を考える必要があるね。

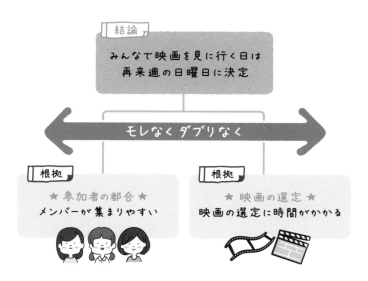

結論

みんなで映画を見に行く日は
再来週の日曜日に決定

モレなく ダブリなく

根拠

★ 参加者の都合 ★
メンバーが集まりやすい

根拠

★ 映画の選定 ★
映画の選定に時間がかかる

 横のルールは、抽象度の高い言葉に置き換えてチェックすることですね。

 そう。これで結論と根拠のピラミッドの話は終わりだ。話がわかりづらくなる5つの原因と注意点、考え方を説明してきたね。どれも相手に話を伝えるためには、重要だけど、一番大切なことは考える力なんだ。今、伝えてきたことは考える力の基礎になるんだよ。

 スポーツでも基礎が大事ですけど、考え方も同じなんですね。

考える力の天敵

 次は考える力の天敵についてだ。

 天敵がいるんですか？

 最初に話した、問題には正しい答えがあると考えてしまうことも天敵のひとつだよ。それ以外の天敵は、思考停止することだ。

 思考停止？　考えることをストップするっていうことですか？

 そういうことだね。ある時点でそれ以上、考えなくなってしまうんだ。思考停止の厄介なところは、自分の意思でストップしていないことなんだ。

 それって考えているときに邪魔が入ったり、急用が入ったりすることが原因ですか？

 いや、わかったつもりになることが原因だよ。

自分ではわかっているような気持ちになっているけれど、実はわかっていない状態だということですか？

 そういうことだね。例えば、空はどうして青いのかな？　夕日はなぜ赤いんだろう？

 なぜって……そう言われるとわからないです。ずっとそうだから、そういうものだと思って疑問に感じたことがありません。

 それが思考停止している状態だよ。常識や当たり前を受け入れて、そこから先を考えることを止めてしまうんだ。

 部活でもそういうことがあります。例えば、練習時に「なぜこれをやっているんだろう？」って思っても、なにか意味があるんだろうなって納得しています。

 前例をそのまま受け入れてしまうことも、思考停止になるね。意味があるから受け継がれているけれど、違うこともあるからね。目的や意図は、しっかり確認することが大切なんだ。
会社でもね、仕事の無駄を見つけるのは、新入社員なんだよ。先輩社員は会社のやり方に慣れてしまって、疑問を感じないんだ。新入社員の新鮮な目線で見たと

きに、目的や理由などに疑問を感じて先輩に聞くも、先輩も答えられないということがよくあるんだよ。

それも前例をそのまま受け継いでいることが原因ですか？

そうだね。ただ、それ以外にも３つ原因があるんだ。ひとつ目は手段の目的化。なにかの目的のために仕事があるはずなのに、仕事を終わらせることが目的になってしまっているんだ。手段だったことがいつしか目的になっているってことだね。

部活の練習の件もそうですね。なんのためにやっているのかわからないけれどみんなやっているし、とりあえずやっておこうって手段が目的になってしまっています。

２つ目の原因は権威性だ。仕事の例で言えば、新入社員が疑問を持ったとしても、先輩たちもやっていることだから間違っていないだろうと考えて、それ以上考えることを止めてしまうんだよ。
これは先輩や上司に限った話じゃないんだ。テレビや新聞などメディアの情報や、専門家の意見を鵜呑みにしてしまうのも同じことが言えるんだよ。

テレビや新聞が間違った情報を発信しているってこと
ですか？

そういうことではないよ。情報には一次情報と二次情
報があるんだ。一次情報は自分の目で見たり、体験し
たりして得た情報。二次情報は誰かに編集された情報。
メディアやインターネット、人から聞いた話は二次情
報だよね？　誰かの主観や意図が入っているからね。
この二次情報を鵜呑みにすることが、思考停止に繋が
るんだ。
例えば、「小学生100人を対象に将来なにになりたい
かを調査した。その結果、1位はサッカー選手でし
た」という記事を見たら、君ならどのように思う
かな？

意外だけど、そうなんだぁって思います。

では、調査した場所が少年サッカーの大会が開催され
ている会場の周辺だったらどうかな？

それはズルいですよ。サッカー好きの子たちがたくさ
ん集まっている場所で調査したら、サッカーが一番人
気になりますよ。

どんな子たちを対象にしたかは、情報にないからその

可能性もゼロではないよね。この例はかなり極端だけど、二次情報には誰かの主観や意図が入っているから、自分の頭で考える必要があるんだ。

「本当にそうなのかな？」って疑うことが大切なんですか？

そうなんだ。ただ疑うのではなく、好奇心や興味として疑問を持つことが大切だね。
そして3つ目は、ステレオタイプだ。

ステレオタイプってなんですか？

多くの人に浸透している認識や観念のことだよ。例えばグローバル化や少子高齢化、AI時代、ステイホームという言葉の意味はわかるかな？

はい。どういうことを言っているのかはわかります。

そういう言葉がステレオタイプだよ。もし、「AI時代が到来する」と言われたら、君はどんなことを考えるかな？

多くの仕事がAIに奪われるのかなと思うので、そうならないような仕事に就かなきゃなって考えます。

それは世間一般によく言われることだよね。でもそれこそ、思考停止の原因なんだ。AIの意味や役割、そして自分の生活にどのように関係するのかなど自分事としてとらえて、はじめてAI時代がどういうことかを考えることができるんだよ。

そっか……。確かにそうですよね。グローバル化や少子高齢化なんかもそうですよね。意味がわかるのと、実際の自分への影響を考えるのは全く違いますよね。

思考停止しないためにも、ステレオタイプの言葉に出会ったら一度立ち止まって自分事として考えることが大切だね。
今日は論理的に考える力について話してきたけれど、どうだったかな?

最初は難しそうなイメージを持っていましたが、そんなことはありませんでした。1つひとつ順をおって身につけていけば、論理的に考える力が身につけられそうです。

論理的な思考力は脳の役割で言えば、左脳の仕事なんだ。左脳は論理的に考えたり、分析したりすることが得意なんだ。

なんとなく、聞いたことがあります。右脳は感性ですよね？

そうだね。右脳は感覚的や直感的なこと、あとは創造的なことを得意とするんだ。

役割が分かれているんですね。私はどちらかというと、右脳を使うほうが得意かもしれないです。

アイデアや楽しいことを考えるのが、好きなんだね。

そうなんです！　友達にサプライズするのも、大好きです！

よく右脳派や左脳派と言うけれど、脳を分断して片方の脳しか使わないということはありえないんだ。実際には右脳と左脳を行ったり来たりしているんだよ。明日は右脳と左脳を使った考える力について話そう。

両方の脳を使うんですか。なんだか忙しそうですね。

そんなことはないよ。同時に右脳・左脳を使うわけではないからね。それでは、また明日。

そうなんですね。楽しみにしています。

第 3 章 の ま と め

☞ 情報を伝えるときは誰が、誰に、なにを、いつ、どこで、などの省略に注意する

☞ 話は時間の流れに沿って組み立て、前提状況や出来事の省略に注意する

☞ 話の構成は起承転結のようにストーリー型で作ると記憶に残りやすい

☞ 報告、連絡、相談などは結論から根拠の順に話すピラミッド型が伝わりやすい

☞ 結論は、演繹法か帰納法で説明する

☞ 演繹法とは、基準となる大前提に考えや出来事を当てはめて結論を導く方法

☞ 帰納法とは、複数の出来事や観察したことを総合して結論を導く方法

☞ 根拠は抽象度を揃えてモレなくダブりなく並べる

☞ 考える力にとって最大の敵は、わかったつもりになること

第 4 章

創造的
に考える

発想力のブレーキ

さて、昨日は論理的に考える力について勉強したね。それは左脳が得意とする思考法なんだ。今日は右脳が得意とする思考法、創造的に考える力について学ぼう。

はい。よろしくお願いします！

まずは君の発想力をチェックしよう。今から出す問題を２分間で考えてみてくれるかな？
アイデアがおもしろいかどうかは気にせず、アイデアの数をたくさん出してね。

わかりました！　やってみます！

問題です。あなたは無人島にいます。そばには空き缶があります。その空き缶の利用方法を考えてください。

〜２分後〜

はい、そこまで！

思っていたより、全然アイデアが浮かばなかったです。

アイデアは全部でいくつ浮かんだかな？

８個です。

結構多いほうだと思うよ。この問題を今まで色々な人に出題してきたけれど、平均は６個ぐらいだからね。具体的にどんな利用方法を思いついたかな？

①川の水を汲（く）む、②鍋にする、③切れ端を包丁がわりにする、④魚を捕まえる道具にする、⑤取ってきた木の実の入れ物にする、⑥缶の中に火をつけてランプがわりにする、⑦獣に出会ったときに音を鳴らして威嚇する、⑧枕にする。この８個です。ありきたりですか？

アイデアがよいか悪いかは問題ではないから、そこは気にしなくていいよ。君は、どんな形や大きさの空き缶をイメージしたかな？

普通の空き缶ですよ？

普通とはどんな空き缶を指すのかな？

コンビニやスーパーでよく売っている缶です。350ml でビールを売っている缶です。

空き缶と言われると、多くの人が350ml の空き缶をイメージするんだ。おそらく生活の中で空き缶として最も触れる機会が多いんだろうね。
では、フルーツが入っている缶詰も空なら空き缶と言えないかな？　ツナ缶やサバ缶もそうだね。もっと言えば、灯油などが入っている一斗缶やドラム缶だって空なら空き缶だよ。

あ！　確かにそうですね！　空き缶の種類ってたくさんあるのに、350ml の缶がすぐ頭に浮かんでそれ以外は考えもしなかったです。

無意識に空き缶のイメージを固定してしまったんだね。350ml の缶とドラム缶では、全く違ったアイデアになると思わないかい？

大きさが全然違うから、当然アイデアも違うものになります！　私の場合、ドラム缶のほうが考えやすかったかもしれないですね。

ここから言えることは、知らないうちに自分で自分の発想力に制限をかけてしまっているってことだ。

本当にそうですね。自分で自分を縛っているというか……。

そうだね。では、もうひとつ質問しよう。君はなにをするために無人島にいるのかな？

もちろん、サバイバルに決まっているじゃないですか！　無人島と言えば、サバイバルと脱出が定番ですよ。

そこなんだよ。問題ではそんなことは言っていなかっただろう？　これも空き缶と一緒で、自分で勝手に設定しているんだよ。「無人島と言えば、サバイバルだ！」ってね。

それもアイデアの数に影響するんですか？

もちろんだよ。サバイバルで無人島に来ているとしたら、空き缶の使い道は生き残るために必要な道具として考えるだろう？

はい。私が考えたアイデアも全部そうです。水を汲むや鍋にするなど。

無人島へ遊びに来ていると考えたらどうだろう？　例

えば、旅行のツアープランの中に無人島クルーズがあって立ち寄っている。泳いですぐに渡れる近所の無人島に来ているなど。

そっか！　遊びに来ているのなら、全然違うアイデアが浮かびますね！　缶蹴りして遊ぶ、綺麗な貝殻を飾りつけてペンケースにするのもいいですね。

テレビや映画、漫画の影響もあって無人島と言えばサバイバルという先入観が、無意識に発想の邪魔をしているんだ。

誰かに邪魔されているのならともかく、自分で知らず知らずのうちに発想の邪魔をしているなんて、本当に驚きです。

350mlの空き缶やサバイバルに共通することは、思い込みなんだ。思い込みや固定観念、常識などが発想力にブレーキをかけている正体なんだよ。

その思い込みを外すことができれば、発想力がグッと上がりますね！

誤解のないように言っておくと、思い込みや固定観念などは決して悪いものではないんだよ。思い込みや固

定観念があるからこそ、物事を早く理解できたり、ある程度の説明で意思疎通ができたりするんだよ。
例えば、部活中に「ボールを片づけておいて」と言われれば、事細かに説明されなくても用具室のカゴの中へボールを戻すだろう？

そうですね。普通はわかっていることまで、わざわざ説明しませんね。

そう。だから普段は思い込みや固定観念は、効率的に物事を進めるためには便利なんだ。ただし、アイデアを考えるようなシーンでは邪魔になってしまうことがあるんだ。

なるほど！　場面によっては、頭を切り替えて思い込みに注意することが大切なんですね。
……思い込みって簡単に外せるものですか？

簡単ではないよ。ただ、思い込みを外す力をトレーニングで鍛えることはできるんだ。

そうなんですか？　教えてください！

昨日話した論理的な考え方は、「垂直思考」とも言うんだ。論理を積み重ねながら、深く掘り下げてひとつ

の答えに辿り着く。そんな垂直方向に考えを掘り進め
ていくイメージからそう呼ばれているんだ。
　思い込みを外すトレーニングには、「水平思考」とい
う考え方が役に立つんだよ。

　水平思考ってなんですか？

　マルタの医師エドワード・デ・ボノが1967年に提唱
した考え方で、ラテラルシンキングとも言うんだ。水
平方向に答えの可能性を広げて、多面的に答えを探る
考え方のことだよ。
　例えば、3人の子どもに13個のミカンを分けるとし
よう。ひとりいくつ、手に入れることができる？

　そんなの簡単ですよ！　13÷3＝4、あまり1だか
ら4個ずつ配って残りのひとつを3等分します。

　では、子どもたちからこんな不満が出たらどうす
る？　「私のミカンは酸っぱいのばっかり」「僕のミカ
ンはほかの子と比べて小さい」って。

　そんなことを言われても……。大きさや味まで考えて
分けることなんて、できるんですか？

　もちろん！　今、君の頭の中にあるルールを取り払っ

て、水平方向に答えの可能性を広げてみるんだ。

無人島の問題のように、自分で知らないうちに設定しているルールですよね？　この場合はなんだろう？

ここでも抽象的にとらえて目線を高くすれば、なにかが見えるかもしれないよ。

ミカンを分けることを抽象的にとらえる……。ミカンを分けることが目的で、その手段を考えるんですよね。

そう。目的に対するいくつかの手段、それが水平方向の可能性だよ。

ミカンを分けることをもっと抽象的にとらえるとどうなるんだろう？
形にとらわれなければ、いいのかもしれませんね。

もうほとんど答えを言っているようなものだよ！

え？　「形にとらわれず」ですか？
あ！　ミカンの形のままじゃなくてもいいってことですね！　例えば、ジュースにして分けるとか。そうすると、味も量も同じになります！

振り返ってみて、最初にその答えに辿り着けなかった原因はなんだと思う？

 ミカンを分けると言えば、一般的には皮のついた丸いミカンを分けるから、それが前提だと考えてしまっていました。

 常識が君の発想力にブレーキをかけていたんだね。無人島の例と同じように、無意識のうちに自分でルールを設定してしまっていたんだよ。

 そのルールに気づくことができれば、水平方向の可能性がたくさん見えてくるんですね。

 そうなんだ。ミカンの例もジュースだけではなく、ゼリーにしてみたり、ケーキを焼いてみたりしてもいいんだよ。

 やっぱり正解はひとつじゃないんですね。

 思い込みを外すことは、２つの方向で考える道筋を探るトレーニングなんだ。ひとつは、自分の考え方の周りを見渡してみること。すると、自分の考えを取り囲む思い込みや常識の柵に気づくことができるかもしれない。

まずは、無意識に設定しているルールがないか探ってみるってことですね。

そう。そのためには、前提にしていることを洗い出して疑うことが大切なんだ。

今回の場合だと、ミカンをそのままの状態で配るということですね。

もうひとつは、抽象度を上げて高い目線から見てみること。そうすると、柵の外側が見えるかもしれない。

今回の場合は、形にこだわらずにミカンを配ればいいってことですね。

そういうことだね。①前提を疑ってみる、②抽象度を上げてとらえる。この２つをトレーニングすることで、思い込みを外した発想ができるようになるんだ。

先生、もう少し練習したいです！

そうだな……。ベッドから３ｍ離れた壁に、部屋の照明のスイッチがついているとしよう。自分の手でスイッチを押して、部屋が真っ暗になる前にベッドへ潜り込むためにはどうしたらよいだろうか？

うーん……難問ですね。どうしたらいいんだろう？
まずは、前提を洗い出して疑う。前提は……部屋にひ
とりでいる、スイッチ以外で照明を消せない、スイッ
チは部屋にひとつしかない。あとはなんだろう……。

その前提のどれかを疑うことで、解決できるんじゃな
いかな？

自分の手でスイッチを押すんですよね？　ボールを投
げてスイッチを押したり、照明にものを投げて壊した
りするのも思い浮かびました。

では、次は抽象的にとらえてみよう。

人は３ｍの瞬間移動なんてできません。……っていう
ことは、移動せずに電気を消すか、部屋が暗くならな
いかですよね。あ！　スマートフォンの照明機能を使
って照らせば、解決しませんか？

うん、正解だね。ほかの道具を使ってはいけないとは、
言っていないからね。なにか別の明かりをつけておけ
ば、部屋が暗くなることはないから条件を満たせるね。
ほかの答えはないかな？　水平思考の答えは、ひとつ
だけとは限らないからね。もっと根本的な思い込みに
気づけば、すごく簡単に解決できる方法があるんだよ。

もっと簡単な方法があるんですか？

君が頭の中でイメージしている時間帯はいつかな？

夜です。あ！　お昼にやればいいんだ！　お昼なら太陽の光が部屋に差し込んでいるから、暗くなりません！

ベッドと照明。この言葉で夜という条件を、勝手に設定してしまっていたんだね。

またしてもやられました……。

水平思考の練習問題は、たくさんあるから調べてみるといいよ。

はい！　先生、実際の生活の中で水平思考を使うことってあるんですか？

あるよ。実際、様々なところで水平思考は使われているんだ。例えば、アパレルブランドのユニクロ。今では安くてよい服をたくさん売っているけれど、昔は今ほど人気はなかったんだ。

ユニクロにもそんな時代があったんですか？

どんな会社も精一杯の企業努力を重ねて、大きくなっているんだよ。ユニクロは商品やサービスの改善、開発にお客さんの本音を取り入れようと考えた。ところが、本音を言ってくれるお客さんはなかなかいなかったんだ。

本音となると、やっぱり気を遣っちゃいますよね。たまにアンケートを書いたりしますが、結局当たり障りのないことを書いてしまいます……。

そうだよね。では、お客さんが自ら率先して本音を言いたくなるには、どうしたらいいと思う？

うーん……。自分から言いたくなるような仕掛けがあれば、いいんじゃないですか？　例えば、お店に来たときに本音を紙に書いて店員さんに渡すと 500 円分のクーポンがもらえるとか！

君ならそれで本音を書くかな？

店員さんに顔を見られているし、お店にもまた行くかもしれないので、やっぱり本音は書きづらいです……。

本音を書けば、お客さんが得をするという点は合格だね。実際にはひとり当たり 100 円程度のコストで、

お客さんの本音が殺到したんだ。

その値段でお客さんの本音が引き出せるんですか？
一体なにをしたんですか？

「ユニクロの悪口を言って100万円」っていう新聞広告を出したんだ。つまり、悪口コンテストを開催したんだね。

なるほど！　それならみんな優勝を狙って真剣に本音を書きますよね。アンケートみたいに、当たり障りのない意見は絶対に少なくなります。

本来なら言いたくないことを、言いたくなるようにしたところにこの発想のすごさがあるんだ。

こういったことをくり返して、大人気ブランドになったんですね。

ユニクロは、今でもお客さんの声を大切にし続けているんだ。「ユニクロアップデート」というWEBサイトでは、お客さんの声が商品改善に活かされた例を見ることができるよ。

創造力はスキル

 創造的に考えるときは、自分が無意識に設定している
ルールを意識する重要性は理解できたね。

 はい！　小さな子どもが突拍子もない発想をすること
ができるのは、そういったルールがないからですね。

 そう。アメリカの一般システム科学者ジョージ・ラン
ド博士が、5歳の子どもたち1600人を対象に創造性
を測るテストをしたんだ。その結果、98%の子どもた
ちが創造的であったんだ。

 やっぱりそうなんですね！

 ところが、追跡調査で子どもたちが10歳になったと
きにもう一度テストをしたんだ。その結果、創造的な
子どもたちは30%しかいなかったんだ。

 え!?　5年間でなにがあったんだろう？

さらに 15 歳になったときにもテストをしたんだよ。その結果は 12% だったんだ。

年を重ねると創造力が落ちていくんですね……。

大人にもこのテストは実施されているんだ。テストを受けた大人の平均年齢は 31 歳。どのくらいの人たちが創造的だったと思う?

15 歳で 12% だったからその半分の 6 % ぐらいですか?

答えは 2 %。

えぇ !?　5 歳は 98% なのに、31 歳で 2 % ですか!

大人になればなるほど創造性を失っていく原因は、おそらく思い込みや固定観念でできた無意識のルールなんだろうね。

なぜ無意識のルールに縛られていくんですか?

年を重ねると社会との接点が増えて、規則や常識、慣習とともに生活をするようになる。それがいつしか目に見えない枠組みとなって、自分の考えや行動を決め

ているんだ。

 そう考えると創造性が減っていくのは、当たり前なんですね。

 最初にも言ったけれど、決して悪いことではないんだ。そのおかげで学校や会社での集団生活もうまくいくんだよ。

 そうでしたね。創造的に考えるときに前提を疑ったり、抽象的にとらえたりしてその枠組みを外すんでしたね。

 そう。このデータからもわかるように、小さい頃はほとんどの子どもたちが高い創造性を持っているんだ。だから、創造力とは特別な才能ではないんだよ。

 本来はみんな創造力が豊かだけど、その能力をうまく使えていないってことですか?

 そういうことだね。創造力はすでにみんなの中にあるんだ。あとはその使い方を訓練すれば、発揮できるようになるよ。創造力は才能ではなく、あくまでスキルなんだ。

 私でも使えるようになれますか?

もちろん！ 今日は創造力を発揮するために、必要なことを説明していくよ。君はアイデアと聞けば、どういうことをイメージするかな？

 そうだな……。漫画や映画、音楽などのエンターテインメント、新しいサービスや商品ですね。0から1を生み出す力がある気がします！

 確かにエンターテインメントやサービスは、アイデアの力で発展してきたからね。ただ、0から1を生み出す力があるっていうのは誤解かな。

 え、違うんですか？ なにもない状態からアイデアが生まれるんじゃないんですか？

 そこに存在しなかったことが新しく生まれるという意味では、0から1なんだ。だけど、アイデアが生まれるプロセスは0から1ではないんだよ。

 どういうことですか？ アイデアはどうやって生まれるんですか？

 アメリカの実業家ジェームズ・W・ヤングによると、アイデアとは「既存の要素の新しい組み合わせ以外のなにものでもない」。要は、アイデアとはすでにある

なにかとなにかの組み合わせってことだ。

斬新なアイデアや突飛なアイデアも、なにかの組み合わせってことですか?

そういうことになるね。例えば、インターネット通販サイト「Amazon.com.jp」を運営する Amazon. com, Inc. は書店とインターネットを組み合わせて創業しているし、Niantic, Inc. と株式会社ポケモンが開発した『Pokémon GO』というゲームアプリは、ポケモンと地図、GPS を組み合わせたものだよね。

確かによく考えてみると、色々なものがそうですね。私が使っている消えるボールペンも、消しゴムの発想が組み合わされていますし、スマートフォンにいたっては、電話にたくさんのものが組み合わされていますよね。

そのとおりだね。だからアイデアは 0 から生み出すのではなく、すでにある要素の組み合わせなんだよ。

……ということは、発想力がある人は組み合わせるのがうまいってことですか?

そうなんだ。物事の関連性を見つけ出す力が、アイデ

アを生み出す力には必要なんだ。

 物事の関連性を見つけ出す力を身につけるには、どうしたらいいですか？

 それには３つの方法があるんだ。①ひらめく力を高める、②観察から組み合わせを発見する、③フレームワークを使って組み合わせを作る。今からこの３つを解説しよう。

ひらめきの構造

　まずはひとつ目の「ひらめく力を高める」。ひらめきというと、「天からアイデアが降ってくる」「頭の中で稲妻が走る」のように、突然アイデアが生まれることをイメージしないかな？

　はい。自分では、コントロールできないようなものだと思います。

　確かにコントロールして、ひらめきを起こすことは難しい。ただし、ひらめきの仕組みを理解すれば、起こりやすい脳内環境を作ることはできるんだ。

　ひらめき体質を作るってことですか？

　そう。ひらめいてアイデアが生まれるときも、すでに存在するなにかとなにかが頭の中で瞬間的に組み合わされて生まれているんだよ。

　一瞬のことだからアイデアが降ってきたように感じる

けれど、本当は瞬間的に組み合わされているんですね。ただ、どうして無意識のうちに、一瞬で組み合わされるんですか？

それは頭の中に、ひらめきの着火剤を持っているからだよ。

ひらめきの着火剤？

興味や関心、問題意識のことだよ。着火剤がなければ、ひらめきは起こらないんだ。

どうして興味や関心、問題意識が着火剤になるんですか？

「頻度錯誤」という心理効果を聞いたことはあるかな？

いいえ、聞いたことはないです。どんな効果ですか？

あることを意識すると、急にそれと接する機会が多くなったように感じる心理効果だよ。

そういうことってありますよね。朝のテレビ番組の占いコーナーで「黄色を８つ見つけるといいことがある

よ！」っていうのを見て登校したんです。すると黄色い看板やポスター、標識がすぐ目に入ってきてあっという間に8つ見つけたんです。いつも通っている道に、黄色があんなにたくさんあるなんて気づきませんでした！

それが頻度錯誤だね。普段と全く同じ景色なのに、自分の心の持ちようで目に入ってくる情報が変わってくるんだ。そして興味や関心、問題意識があればそれと組み合わせるための情報やヒントがさっきの黄色のように目につきやすくなるんだよ。

だからひらめきの着火剤なんですね。ただ、自分の興味や問題意識ってあまり考えたことがないです。

そこで脳内環境作りとして大切なことは、自分の興味や関心、問題意識を棚卸しすることなんだ。頭の中の引き出しを整理整頓するイメージだよ。

具体的にはなにをすればいいですか？

まずは紙に書き出してみよう。自分が興味を持っていること、気になっていること、もっとこうなればいいなやこのままじゃいけないなと思っていることを書き出すんだ。そしてそれがいくつあって、どんな内容な

のかを自分で把握することが大切だよ。

私が興味のあることは、美容、アニメ、スイーツ、ダイエットですね。それと、人の行動や仕草を見てしまうので、人間観察です。あとはペットを連れて入れるお店がもっとあるといいかなと思います。

全部で6つあったね。また思い出したら、書き留めておくといいよ。それが君の頭の中の大きい引き出しの数だ。これからはその引き出しがあることを意識していれば、頻度錯誤の心理効果が働いて情報が向こうからやってくるような状態になるんだ。そうすれば自然とひらめきが起こりやすくなるよ。

意味のある情報やヒントが目につきやすくなるから、ひらめきが起こりやすい状態になるんですね。

あとは組み合わせる相手が必要だね。それは知識なんだ。知識はひらめきの素材だから、たくさんあるに越したことはないんだよ。

なんとなく、ひらめきの仕組みが見えてきました。ひらめきは頭の中で起こりますよね？ だから組み合わせるパターンは「外から入ってきた情報と頭の中の知識」か「頭の中の知識と頭の中の知識」の2つですよ

ね。どちらも頭の中の知識が組み合わされるから、重
要なんですね。

そのとおりだよ。つまり、ひらめきが起こりやすい脳
内環境とは情報をキャッチしやすい状態を作ること、
そして知識を蓄えることなんだ。その両方に欠かせな
いことが興味や関心、問題意識なんだよ。

興味や関心があることって、自分から率先して調べた
り勉強したりしますもんね。

なにかひとつでも誰にも負けないぐらい詳しいジャン
ルがあるといいよ。オタクと呼べるくらいにね。

そうなると知識が偏ったりしないんですか?

そこは具体と抽象の視点で考えてごらん。例えば、A
というアニメに詳しくなったとしよう。登場人物は何
人いてどんな性格か、第3話はどんな話だった、どん
なシーンでどんな音楽が流れたかなど。具体的な視点
でとらえれば、偏った知識だよ。しかし、抽象的にそ
の知識をとらえればどうなるだろう?

一段階上の目線でとらえれば、応用の利く知識になる
ってことですね。

そういうことだね。構造をとらえればいいんだよ。ストーリーの構造やキャラクターのバランス、作品のコンセプトを抽出すれば、立派なひらめきの素材になるんだ。

それならオタクレベルに詳しい分野があれば、強力な武器になりますね。

あとは好奇心が大切だね。知的好奇心を持ち続けることは、人生の大きな財産になるよ。

まるで子どもみたいですね。

子どもは生きているだけで、不思議がいっぱいだからね。成長しても不思議で溢れた世界のはずなのに、人はそれが当たり前になっていくんだ。知的好奇心を持ち続けることができれば、新しい知識や体験に触れる喜びを持ち続けられて、ひらめきの素材になる知識も自然と増えていくんだよ。

普段の生活に慣れて日常生活に必要なことしか受信しないアンテナって感じで、感度が鈍くなるんですね。知的好奇心を持ち続けるには、どうすればよいですか？

アンテナの感度が弱い状態であるにも関わらず、それを理解しないことに原因があるんだ。だから自分で気づいて、体感してはじめて持ち続けられるものだと思うよ。

なにを知らないのかが自分でもわからないし、なにを知ればいいのかもわからないので難しいですね。

宇宙学でも心理学でもなんでもいいから、関心のある分野の本を何冊か読むといいよ。その中からまた気になることが連鎖的に現れて、数珠つなぎに知識が広がっていくことはよくあるからね。

わかりました。これからは読書も大切にしていきます。

ひらめく力を高めるには、備えが必要ってことだね。

観察から見える
自分だけの着眼点

次に２つ目の「観察から組み合わせを発見する」について話そう。

観察ってじーっと見ることですよね？　それで組み合わせが見つかるって不思議ですね。

これは情報の種類に関係があるんだよ。君はアイスクリームスクープって知っているかな？

知らないです。それはなんですか？

海外の映画やドラマで、アイスが大きい容器に入っているのを見たことはないかい？

小さめのバケツぐらいの容器に入ったアイスを、子どもが盗み食いしているシーンを見たことがあります。

本来はその大きい容器からお皿に取り分けて食べるんだ。そのときにアイスをすくうスプーンがアイスク

リームスクープだよ。

あ、アイス屋さんでも見たことがあります。それがど
うしたんですか？

君がアイスクリームスクープをデザインして商品化す
るなら、まずどんなことからはじめるかな？

そうですね……。インターネットで商品を調べたり、
使う人たちがどんなことで困っているのかを検索した
りします。それと流行色なんかも調べると思います。

どんなデザインになりそう？

見た目は、使っていて楽しくなるような可愛くておし
ゃれなデザインにします。それに収納しやすく洗いや
すい、固いアイスもすくえる機能をつけます。

なるほどね。おそらくそのようなアイスクリームス
クープは、すでに売り出されていると思うよ。

えー！　そうなんですか？　すごくよいアイデアだと
思ったんですけど……。

日々商品改良を続けている企業にとっては、最初に手

をつけるところだと思うよ。ただ、目のつけどころは
すごくいいね。困っていることを解決する要素を組み
合わせているからね。要はインターネットで調べて出
てくるようなことは、もうほかの誰かが対応している
かもしれないってことだよ。

だから観察をするんですね！

そう。アメリカの大手デザイン会社は、アイスクリー
ムスクープを使うシーンを何例も観察したんだ。そし
て、ヒントを得てデザインを完成させたんだよ。

どんなデザインになったんですか？

舐(な)めやすいデザインにしたんだよ。

え!?　アイスクリームスクープは、アイスをすくう
器具ですよね？　どうして舐めやすくしたんですか？

観察をした結果、アイスを取り分けたあとに多くの人
がアイスクリームスクープにこびりついたアイスを舐
めていたんだ。

あ……なるほど。その気持ちわかります。私も小さい
頃、フタの裏についたアイスを舐めていたので……。

これは観察をしたからこそ、辿り着いた答えだと思わない?

そうですね。もしアンケートでどのように改良してほしいか聞かれても、舐めているのは無意識でしょうから出てこないですよね。もし、覚えていたとしても恥ずかしくてなかなか言えません!

これは一次情報と二次情報の差なんだよ。一次情報とは自分だけの情報だったね。その一次情報からなにをピックアップして、アイデアと結びつけるべきかという洞察力が観察からアイデアを生む鍵になるんだ。

ここでも一次情報が大切なんですね。

今、インターネット上には情報が溢れているよね。ただ、多くは二次情報なんだ。だからこそ、一次情報の希少価値が増していくんだよ。

すぐにインターネットに頼ってしまうのも考えものですね。

二次情報がよくないってことではなく、使い分けが大切なんだね。

フレームワークで
アイデアを量産

最後に３つ目の「フレームワークを使って組み合わせを作る」だ。フレームワークって言葉は、聞いたことがあるかな？

ないです。フレームだから、枠組みかな？

そう、枠組みのことだ。フレームワークとは、なにかを考えるときに効率的に進められるよう体系化された枠組みのことなんだ。ルールや手順の決まった枠組みに当てはめて考えるんだよ。

そんな便利なものがあるんですか？

昨日話した結論と根拠のピラミッドも、ピラミッドストラクチャーというフレームワークのひとつだよ。様々なジャンルにフレームワークは存在するんだ。これを使うとアイデアが量産できるんだよ。

アイデアって量産するほど必要なんですか？

必要だね。ただその前に大切な心構えを3つ伝えておくよ。ひとつ目は「アイデアのよし悪しを判断しないこと」。これはアイデアを考えているときに、おもしろいやつまらない、どこかで聞いたことあるって判断をしないこと。

アイデアのよし悪しはいつ判断するんですか?

アイデアを出し尽くしたあとだよ。ほとんどのアイデアはボツになるものばかりで、よいアイデアはそんなに簡単に生まれないんだ。だから1回1回アイデアを判断していると、なかなかよいアイデアが出せない自分に自信をなくしてしまうんだ。

おもしろくないアイデアばかりでも問題ないんですか?

問題ないよ。2つ目は「アイデアは質より量を重視する」だ。アイデアと企画は違うよ。たくさんあるアイデアの中からコンセプトに合うものや新しさ、実現性、予算などを考えてアイデアをさらに磨き上げて企画になるんだ。アイデアは選択肢にすぎないんだよ。

選択肢がつまらないものばかりでもですか?

もちろんさ。アイデアとはダイヤモンドの原石のようなものなんだ。君がつまらないと思っていても、他人が見たら光るものを感じる場合もある。たくさん出たアイデア同士で結びついて、おもしろいアイデアに化ける可能性だってあるんだ。

なるほど！　だからアイデアのよし悪しを判断せず、数をたくさん出すことに専念するんですね。

そう。3つ目の心構えは、「限界が来てからが本番」。

「もうこれ以上、アイデアが出ない！」っていう状態になってからが勝負ってことですか？

そうだね。アイデアがスラスラ出てくるうちは、誰にでも思いつくようなものである可能性が高いよ。「もうこれ以上、無理だ！」と感じたときが、オリジナリティの高いアイデアが生まれるサインなんだ。

産みの苦しみってヤツですね。

少し難しい言葉で言えば、量から質への転化が起こるんだ。量がある一定の限度を超えると、質が変化するという物事の発展法則があるんだよ。これはアイデアの世界でも言えるんだ。

量から質への転化？

例えば、水を加熱して温度が100℃を超えると水蒸気になるよね。これは温度が上昇して、ある地点に達したときに液体から気体へと変化したんだ。これが量から質への転化だ。

なるほど。ということは、たくさんアイデアを考え続けるとどこかで質が変わってくるってことですか？

そう。あとは新しい視点や角度が急に見えてくることもあるんだ。君が好きなものでなにか新しいアイデアを考えてみたいことはあるかな？

うーん……文房具が好きです。手帳はいつも同じものを買って自分なりにアレンジしているので、手帳のアイデアを考えたいです。

わかった。君にとって手帳はどんな存在？

自分の分身と言っても過言ではありません。スマートフォンと同じぐらい手帳を失くすと困ります。

では、「もうひとりの自分のような手帳」というコンセプトでアイデアを考えよう。紙ではなく、アプ

リの手帳という設定にしようか。

なんだかワクワクしてきました。

フレームワークは100種類以上もあるんだけど、今日はエクスカーション法というフレームワークを使ってみよう。エクスカーションとは、遠足や小旅行という意味で自分から離れた色々なものの特徴をヒントに発想する方法なんだ。

100種類以上!?　すごい数ですね。エクスカーション法……なんだかおもしろそうですね。

エクスカーション法では動物や場所、職業などを使うんだ。例えば動物ならライオン、場所なら富士山、職業なら消防士といった感じで、好きなものを選んで発想のヒントにするんだよ。今回は動物でやってみよう。なにか好きな動物をひとつ挙げてくれるかな?

イヌが大好きですけど、今回はウサギにしてみます。

次ページ図の連想ワードにウサギの特徴や連想できることを、できるだけたくさん書き出してくれるかな。

わかりました。まずは耳が長い、目が赤い、ぴょんぴ

| テーマ | 動物 |

連想ワード	アイデア

ょん跳ねる、ニンジンが好き……全部で 10 個挙げました。

ここは多ければ多いほどアイデアの数に繋がるから、30 個ぐらいは挙げてほしいな。ただ今日は、手順を掴むことが目的だからこれぐらいで問題ないよ。

毛がフサフサ、目がクリクリなどまだまだありそうですもんね。

次は今書いたことを、課題の手帳アプリと結びつけて発想のヒントにするんだ。例えば「耳が長い」は「よく聞こえる」から「音声でスケジュールを入力できる」のようにね。もちろん、ここでもアイデアを評価してはいけないよ。質よりも量を重視するんだ。

はい、やってみます。……先生、できました！　見てください。考えていると楽しくなってきますね。自分でもワクワクしちゃいました。

フレームワークを使わずに考えたときと比べてどうだったかな？

スラスラとアイデアが出るとまではいきませんが、考えやすかったです！

テーマ	動物
手帳アプリ	ウサギ

連想ワード	アイデア
耳が長い	遠くまで反応 → タイムカプセルメッセージ
目が赤い	寝不足 → 睡眠時間を手帳に自動記録
ぴょんぴょん跳ねる	自由に飛びまわる → 写真日記をつけられる
ニンジンが好き	好物 → 好きなお店マップを作り友達と共有
寂しがり屋	かまう → キャラクターを育てるアプリの使用ランクをつける
前歯が大きい	かみ砕く → わかりやすい → 時間、日、月、年のように拡縮できる
干支	12種類 → アプリの見た目を着せ替える
しっぽが丸い	ポンポン → 応援 → ありがとうポイントを友達と送り合える
月で餅つき	正月 → 毎朝、目標が表示される
ウサギとカメ	昼寝 → サボる → その日の時間の使い方を家計簿のように記録

さらにアイデアが必要な場合は、場所や職業を追加してもいいし、別のフレームワークでさらに量産するのもいいね。

ほかにはどんなフレームワークがあるんですか？

そうだな……。簡単にできるのはパーソナル・アナロジー法だね。これは擬人化して考える方法なんだ。今回の場合だと、手帳アプリになりきって感情移入するんだよ。もしも自分が手帳アプリだったら、使う人にどんなことをしてあげられるだろうかなど。擬人化することで、強制的に目線を変えるんだ。

擬人化か。それなら確かに簡単にできそうですね。

ほかにも強制的に目線を変える方法には、スーパーヒーロー発想法というものもあるんだ。

すごいアイデアが出そうな名前ですね！

自分の好きなヒーローや歴史上の人物などになりきって発想するんだ。あのキャラクターだったら、どう考えるだろうか？　ってね。

みんなで集まってアイデアを考えるときにも楽しくで

きそうですね。

エクスカーション法の場合は特徴を抜き出してヒントにしたけど、すでにあるものをヒントにするフレームワークもあるんだ。例えば、ことわざや名言をいくつかピックアップして、それをヒントにアイデアを出す方法や色々なカタログを用意して、ランダムに開いたページに載っている写真をヒントにアイデアを出す方法などね。

フレームワークを使うと、自分の視点にはないもので組み合わせを考えることができますね。

効率的にアイデアを量産できるポイントはそこにあるんだよ。様々なタイプのフレームワークが開発されているから、試してみるといいよ。

はい！　自分でも調べて試してみます。

そうだね。アイデアは100個や200個、いや1000個あったって構わないんだ。それぐらいの量があってはじめてよいものが生まれるんだよ。

そうなんですか!?　ある程度考えてすぐにやめてしまっていました。そんなにたくさんのアイデアってや

っぱりひとりでは大変ですよね？

ひとりで考えなければならない場合もあるけれど、アイデアは複数人で一緒に考えるほうがより魅力的なアイデアに繋がる可能性が高いんだ。みんなでアイデアを考えることをブレインストーミングと言うんだよ。

聞いたことがあります。ブレストって略したりしますよね。

ブレインストーミングを行う最大の目的は、創発を起こすことなんだ。

創発？　はじめて聞きました。

化学反応と言ってもいいかもしれないね。例えば、普通は「1＋1＝2」だよね。これが「1＋1＝A」や「1＋1＝あ」のように、全く違った性質に変化することを言うんだ。ブレインストーミングとはみんなのアイデア発表会ではなく、アイデアを出し合いながら出てきたアイデアをみんなでおもしろくすることなんだ。

色々な人の発想をつけ加えて、アイデアを発展させていくんですね。

三人寄れば文殊の知恵だね。その目的を果たすために大切なルールが3つあるんだ。ひとつ目は、他人のアイデアにダメ出しをしないこと。みんなが安心してアイデアを言える空気にすることが大切だよ。

アイデアは選択肢のひとつだから、判断する必要がないですもんね。

そう。2つ目は、自由奔放にアイデアを出すこと。突拍子もないものでもOKだよ。荒削りで未完成でも構わないんだ。様々なアイデアのカケラがあったほうが、可能性は広がるからね。そして3つ目は質より量。これはもう説明するまでもないね。

アイデアと言えば、質より量っていうくらいに浸透してきました。

この3つのルールを守って、アイデアを出しながら発展させるんだ。ただ、ブレインストーミングがうまくできないグループはたくさんあるんだよ。

ルールがわかっているのに、どうしてうまくできないんですか?

グループ内の人間関係や立場の上下で、他人のアイデ

アにダメ出しをしてしまう人がいるんだ。その結果、自由奔放に提案できなくなって、量が増えず、アイデアを発展させることもできなくなるんだ。

なるほど。ブレインストーミングをやるときは、ルールを紙に書いてみんなが見える場所に貼っておいたらいいですね。

それもいいね。今日は創造的なこと、昨日は論理的なこと、その前は具体と抽象という考え方を学んだね。この３つは本来、切り離して使うものではないんだ。深刻な問題の解決策を考えるときでも、友達へのサプライズ演出を考えるときでも、左脳を使って論理的に考え、右脳を使って創造的に考えるんだ。

右脳と左脳を行ったり来たりしながら、考えるってことですか？

そう、大切なことはその使いどころだね。筋道を立てて問題の原因を分析して、突き止めた原因に対して論理的に解決策を考えることもあれば、創造的に解決策を考えることもある。なにかのアイデアを考えるにしても、考え出す前には必ず目的や価値、どんな体験を作り出すのかなどを分析し、コンセプトを立てることが必要なんだよ。

179

考える工程によって右脳と左脳を使い分けるんですね。

右脳と左脳を行き来しながら考えるときにも、具体と抽象の視点を忘れてはいけないよ。左脳で具体的に考えるのか、それとも左脳で抽象的に考えるのか、あるいは右脳で具体的に考えるのか、それとも右脳で抽象的に考えるのか。

どういうときに使い分けるんですか?

右図の横軸は左脳と右脳、縦軸は抽象と具体だ。左上は論理的かつ抽象的に考えるエリア。ここでは物事の構造を把握して応用したり、全体の骨組みを設計したりするよ。あとは総合的に物事を判断したり、ピラミッド型に情報を整理したりするときもそうだね。

こうやって図で見るとわかりやすいですね。

そうだね。左下は論理的かつ具体的に考えるエリア。ここは演繹法や帰納法のような論理展開や、物事の分析をする場所だね。
右上は創造的かつ抽象的なエリア。アイデアを考えるときのコンセプトや企画を立ち上げるときの場所。
右下が創造的かつ具体的なエリア。発想や連想するときの場所だね。

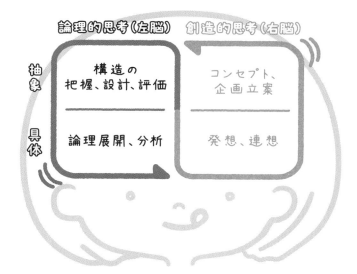

 改めて考えてみると、抽象的なエリアで考えることが
あまりできていなかったかもしれないですね。

 そこに気づけただけでも大きな前進だと思うよ。さて、
続きは明日話そう。

 今日もありがとうございました。明日もよろしくお願
いします！

第 4 章 の ま と め

☞ 発想力を邪魔しているのは、思い込みや
先入観によって自ら設定した制限

☞ 自ら設定した制限を外すには、前提を疑
う、俯瞰的に対象をとらえることが重要

☞ アイデアとは、既存の要素の新しい組み
合わせのこと

☞ ひらめきとは、頭の中で瞬間的に既存の
要素の新しい組み合わせが生まれること

☞ 興味や関心、問題意識を整理すれば、ア
イデアのもとになる知識を引き寄せられる

☞ 観察で重要なのは、自らの体験や調査で
得た情報を収集すること

☞ アイデアをたくさん生み出すときはフ
レームワーク（発想法）が効果的

☞ アイデアは完成品を作るためのパーツで
あり、質より量が重要

判断軸
を育てる

価値観は
なにで作られているのか

今日が最後の授業だよ。今日まで色々なことを学んできたけれど、これからは実践して身につけていくことが重要だからね。

スポーツと似ていますね。本で泳ぎ方を勉強しても、泳げるようにはならないですよね。やっぱり失敗をくり返しながら体で覚えるように、肌感覚で掴むことが大切ですね。

体を使うことなら、「わかる」と「できる」の違いはわかりやすいんだ。ただ、頭を使うことになると、錯覚しやすいんだよ。
さて、今日の授業は考える力の仕上げだ。今まで学んできたことは、よりよく考えるための道具なんだ。その道具を扱う本人の価値観が一番重要だよ。

価値観ってよく聞きますが、どういうことですか?

価値観とは物事のよし悪しを判断する、ものの見方の

ことを言うんだ。人は自分が持っている価値観を基準
にして、物事を考え判断しているんだよ。

考える道具を色々学んできましたけど、すべて自分の
価値観を土台にして使っているんですね。

そうだね。そして価値観は人によって違うんだ。
例えば、君がトロッコ列車の進路を操作する係だとし
よう。分岐点に向かってトロッコ列車が猛スピードで
やってきた。今回のトロッコは右に進む予定だから、
右に行くようにスタンバイされている。
ただし、右方向では5人の作業員がトロッコに気づか
ず作業を続けている。一方、左方向ではひとりの作業
員が仕事をしている。

絶体絶命のピンチですね！

さて問題だ。5人の作業員がいる方向にトロッコを進
ませるか、ひとりの作業員がいる方向にトロッコを進
ませるか。君ならどうする？

……どうしても答えなきゃいけませんか？

考える練習になるからね。もっと肩の力を抜いて考え
てごらん。

そうですね……。私なら、左のひとりの作業員がいる
ほうにすると思います。

なぜ？

5人よりもひとりのほうが犠牲になる人数が少ないか
らです。そのほうが悲しむ人の数も少なくなるのかな
と思って……。

なるほどね。命の重さはみんな平等で、ひとりでも多
くの人が助かる道を選んだんだね。
では、右方向の5人の作業員は全員60代。左方向の
ひとりの作業員は10代だとする。
さて、君ならどちらを選ぶ？

意地悪な問題ですね！　ひとりの作業員を守ると思い
ます。10代は、これからの未来があるので……。

この場合は、立場や状況によって命の重さが変わると
いう判断をしたんだね。この問題にも正解はないよ。
自分の価値観でどのような判断をするかの問題だ。

違う答えを選ぶ人もいるんですか？

もちろんさ。分岐点の操作は一切しないと答える人も

いるよ。例えば、人が犠牲になることに自分が関わり
たくないという理由でね。

同じ答えでも、理由が違うこともありそうですね。

そこがすごく重要なんだ。価値観は人それぞれ違うか
ら、結論は同じでも結論にいたった理由は違ってくる。
もし5年後、10年後にもう一度この問題を考えたら、
答えが同じだとして理由も同じだと思うかい？

それまでに人生経験をたくさん積んでいると思うので、
理由は違ってくると思います。

楽しい経験やツラい経験を通して、価値観が深まって
いくからものの見方も変化して理由が変わってくると
いうことだよね。

そうです。小さい頃と今では価値観が違いますし、こ
れから先も変わっていくと思います。それが大人にな
るってことなのかな……。

人生経験を通して、価値観が作られていくんだね。今
の君の価値観はどうやって作られてきたのかな？

周りの人たちの影響が大きいかもしれません。小さい

頃は両親の影響、そのあとは学校の先生や友達の影響も大きいのかなって思います。

 育ってきた環境が影響しているってことだね。ほかにはないかな？

 テレビやインターネットの影響も大きいかもしれないですね。特にドラマやバラエティー番組のような、エンターテインメント系です。

 育った環境やメディアからは、どのような影響を受けていると思う？

 育った環境からは、人間関係や金銭感覚、普段の生活に関わることが多いと思います。メディアは、流行や憧れが多いのかもしれません。

 小さい頃から触れてきた人やものから様々な影響を受けているんだね。

 そうですね。それが価値観に繋がっていると思います。

 では、価値観について大切な3つのことを話すよ。まずひとつ目は、価値観は人によって違うということ。小さい頃の家庭環境や人間関係は、人によって違うか

ら価値観も違うよね。それなのに相手も自分と同じように感じたり、考えたりしていると思ってしまうんだ。

 毎日会う人だと余計にそう思ってしまいます。

 そうだね。一緒にいる頻度が高いほうが同調しやすいから、そう思いやすいんだろうね。ただ、価値観が違うということは、ものの見方が違うということだから、同じものを見ても違うものが見えているんだ。

 同じものや出来事に遭遇しているのに、どうして同じようには見えないんですか？

 実際、目に映るものは同じだよ。それを感じたり、読み取ったり察知したりすることが違うんだ。下図を見てくれるかな？

 アルファベットのＢですよね？

前後にはどんな文字が入ると思う?

 AやCのようなアルファベットが並ぶんじゃないですか?

 下図のようなイメージだね?

 はい、そうです。

 もし、前後には数字が入るって言う人がいたらどうだろう?

 「一体なにを見て、そう言っているんだろう?」って思います。

 では、右上の図を見てくれるかな。

 あ! 本当だ! 数字ですね。

12314

 出来事や問題なんかも同じなんだ。そこからなにを読み取るのか、どのように感じ取るのかは人それぞれ違うんだよ。

 ものを見る目のほかに、心の目があるんですね。

 そうだね。価値観で作られた心の目。誰ひとりとして、同じものを持っていない目だね。

 ものを見る目を通して入ってきたものが、心の目に映ってはじめて人それぞれの答えが生まれるんですね。

 そう。だから価値観を考える上で大切なことのひとつ目は、価値観は人によって違うし、人それぞれ見えているものが違うということだ。

 はい、わかりました!

今まで君の価値観を育てた環境やメディアから、どんな影響を受けてきたのかを聞いたよね？　もっとじっくり時間をかけて考えると、ほかにもたくさんあると思うんだ。

そうだと思います。もしかしたら、生活に関わること全部と言ってもいいのかもしれません。

そうだね。価値観と言っても、様々な要素が含まれているんだ。もし、価値観をジグソーパズルのピースのようにバラバラにすることができるとしたら、その1つひとつのピースは一体なんだろう？

1つひとつって言われると難しいですね。

どこまで細かく分けるかにもよるけれど、価値観のほかにも「観」がつく言葉があるだろう？

人生観や恋愛観みたいな言葉ですか？

そうそう。あとは経済観や倫理観、道徳観や死生観など色々とあるけれど、これらの言葉に共通する意味はものの見方なんだ。それぞれをどのように見て、どう考えているのかを表す言葉が「観」なんだ。

ものの見方や考え方が「観」で、それらがひとつにまとまったことを価値観って呼ぶんですね。

そう、ジグソーパズルのピースのようにそれらが集まって価値観になるんだ。そしてトロッコの問題のときに君も言っていたけれど、年齢を重ねるとものの見方は変わるだろう？　成長の歩みを振り返ってみると、最初ははじめての経験や、目新しいことに溢れているんだ。

小さい頃なんてはじめてづくしですよね。はじめて電車を見る、はじめて運動会に参加するなど。

成長して社会との接点が増えていくと、本当に色々なことを体験するよね。こういう経験をくり返しながら、様々な「観」が作られて更新されていくんだ。そしてひとつの価値観になっていく。

この先で私を待っている経験も、これからの私の価値観を作る材料になるってことですね。

ある程度まではそう言えるよ。

ある程度までですか!?

ある程度までなんだ。幼い頃や若い頃は、目新しい経
験に溢れているけれど、ある程度のところまでいくと
同じような毎日のくり返しになってしまうんだ。もち
ろん、それでも新しい経験や貴重な体験はたくさんあ
るよ。

一通り経験してしまうからですか?

それもあるし、変化の少ない安定した暮らしになるっ
ていうのもあるかもしれないね。

そうなると、価値観を成長させるような経験も少なく
なるってことですね。

そう、だから「ある程度まで」なんだ。ただそこから
価値観の成長が緩やかになっても、生活が苦しくなる
こともないし、そもそも普段から価値観のことを気に
して生活していないから、多くの場合はそこで価値観
が一旦出来上がってしまうんだ。

そうすると、若いうちに色々な経験をしたほうがいい
ってことですね!

「若いときの苦労は買ってでもせよ」という言葉はそ
のことを言い表しているんだろうね。変化の少ない毎

日になったときが、ひとつの分岐点なんだ。

 どんな分岐点ですか？

 考える力をより深められるかどうかの分岐点だ。大昔に中国で書かれた書物に、『論語』というものがあるんだ。その本の中に「子曰、学而不思則罔、思而不学則殆」（子曰く、学びて思わざれば則ち罔し、思いて学ばざれば則ち殆し）という言葉がある。

 どういう意味ですか？

 要は、ほかから学んでばかりでそれを自分事に結びつけて考えないと、考える力が身につかない。また自分の経験だけでできた価値観では考えの幅が狭くなり、自分が正しいと思ってしまうっていう感じかな。

 自分の経験だけでは、危ういってことですね。

 そうだね。小さい頃から様々な経験を積み重ねて、価値観を作ってきたね。この自分の価値観の基本を作る段階が、ファーストステージだ。そして、自分の経験だけでできた価値観で考え続けていくのか、それともセカンドステージに進んで、新たな知恵や知識を学んで自分事に結びつけて考える力をさらに深めていくの

か。それが分岐点なんだ。

セカンドステージに進むと、どのように変わるんですか？

そうだな……。例えば様々な食材や調味料、レシピをもとに料理を作るだろう？　それらが多ければ多いほど、毎日の食卓は豊かになるはずだ。
自分の経験だけでできた価値観を判断基準にし続けることは、毎日限られた食材や調味料、レシピで料理し続けるのと同じようなことなんだよ。

私もお家で料理当番をすることがあるので、よくわかります。食材も味も結局似てしまったり、ワンパターンになってしまったりします。スーパーに行っても、なぜか毎回同じような食材を買ってしまうんです。ほかのお客さんのカゴの中を覗いてみると、なんだか新鮮に見えますね。

いつもとは違う食材や調味料、レシピを取り入れていくと食卓が豊かになるように、新たな知恵や知識を吸収して作られた価値観は、豊かなものの見方をもたらしてくれるってことだね。

そうすると今までにない視点や視野、視座で世の中の

見え方がガラリと変わりそうですね。

そう、パラダイムシフトが起こるんだ。

パラダイムシフト？　それはなんですか？

ものの見方や認識の仕方が劇的に変化することだよ。
アメリカの科学史家トーマス・クーンが、社会全体の
価値観が革命的に変化することの意味で使いはじめた
言葉なんだ。今では、個人の価値観が劇的に変化する
ことにも使われるようになったんだよ。

さっきの分岐点はパラダイムシフトする道を選ぶかど
うかの分岐点、とも言えるんですね。

そうだね。自分の経験だけでできた価値観からパラダ
イムシフトを起こしてこそ、深く考える力の羅針盤が
できるんだ。

パラダイムシフトって言っても、どれくらい劇的な変
化なんですか？

そうだな……。君は、コペルニクス的転回という言葉
を聞いたことがあるかな？

コペルニクスは人の名前ですよね？ それくらいしか
わからないです……。

 数百年前までは宇宙の中心に地球があって、その周り
にほかの惑星があると考えられていたんだ。「天動
説」と言われる考え方だね。当時は観測機器や観測技
術が発達していないから、まさか自分たちが立ってい
るこの大地が動いているとは夢にも思わなかったん
だね。

 科学が発達した今でも、信じられないくらい実感がな
いですよね！

 そして 1500 年代に、ポーランドの天文学者ニコラウ
ス・コペルニクスが「地動説」を唱えたんだ。宇宙の
中心は地球ではなく太陽で、その周りを地球やほかの
惑星が回っているとね。

 真逆ですね！

 そうだね。このように 180 度、ものの見方が変わっ
てしまうことを、コペルニクス的転回と言うんだ。

 天変地異ぐらいのインパクトがありますね！

「地動説」を発表してすぐには受け入れられなかったから、ガラッと常識が変わったというわけではないんだけどね。

そうなんですね。

パラダイムシフトは、1回起きたらそれで終わりではないんだ。今では、太陽は宇宙の中心にあるのではなく、銀河の端っこにあると言われているからね。

気が遠くなるような規模ですね。知れば知るほど、私たちはちっぽけな存在だなって感じます。

パラダイムシフトをくり返しながら世界が発展してきたように、私たちも価値観のパラダイムシフトをくり返しながら考える力を深めていくことが大切なんだ。

すごく規模の大きい話だと思うんです……。私たちにもそれぐらい大きな変化が起こるんですか？

地動説は、常識や通念が変わる話だから、とても大規模に感じるかもしれない。ただ、価値観の一部を構成している仕事観や人間観などが時間をかけて大きく転換すれば、それはもう立派なパラダイムシフトと呼べるよ。

今の話を聞くと、自分の経験だけでは価値観のパラダイムシフトは起こせないですね。だから新しいことを学ぶのは大切なんですね。
実際に学ぶとしたら、なにをすればいいんですか？

 教養を学び続けることだよ。

問題意識がすべてのコンテンツを
教養に変える

 教養ってなんだか難しそうで、ついて行けないような
イメージがあります……。

 いきなり哲学書や経済史のような専門的な本を手に取
ってしまうと、確かにお手上げだね。

 そういう本を読まないと、教養は身につかないんで
すか?

 いや、そんなことはないよ。教養を身につける目的は、
自分にないものの見方を学ぶことなんだ。その目的を
果たすことができれば、手段は映画でも漫画でも音楽
でもゲームでもなんでも OK だよ。

 それなら私にもできそうです! 映画を見たり、漫画
を読んだりはしていますよ!

 それは、もしかしたら学んでいるとは言い切れないか
もしれないよ。作品を楽しんでいるだけなのかもしれ

第
5
章

判断軸を育てる

201

ない。

「楽しむ」と「学ぶ」の違いはなんですか？

問題意識を持っているかいないかだよ。映画や漫画などの作品には、色々な要素が詰まっているよね。登場人物同士の人間模様もあれば、壮絶な生き様もあるし、死を扱うことだってある。その中から問題意識をフィルターにして、1シーンからでも学びに転換することができれば、娯楽から教養へと変わるんだ。

例えばどんなことですか？

例えば、大切な人が余命宣告を受けて死にいたるまでの心の葛藤を描いた映画を見るとしよう。
それまでは、大切な人といかに長い時間を一緒に過ごすかが重要だと思っていた。しかし、命に限りがあることを実感し、時間の密度も大切なんじゃないかと気づいて、1回1回を大切に会うようにする。そんな気づきを得ることができれば、それは立派な教養だよ。

自分に結びつけて感じることが大切なんですね。

そう。自分事に結びつけるのが、問題意識なんだ。映画の例でも、「大切な人との時間の過ごし方はこのま

までいいのだろうか？」という問題意識が心のどこか
にあるからこそ、学びへと繋がるんだ。問題意識があ
れば、すべてのコンテンツを教養に変えられるんだ。

私、問題意識が乏しいように思います。どうしたらい
いんでしょうか？

大切なのはよい人生を送りたい、後悔のない人生を送
りたいと心から願い、自分自身の成長も願い続けるこ
とだよ。すると、現状とのギャップが問題意識として
浮かび上がってくる。人として成長することを望み続
ければ、問題意識が常に芽生え、その結果学び続ける
ことができるんだ。

終わりなき旅ですね……。

まさにね。だから最初は映画や漫画からでもいいから、
自分事に結びつけて成長への気づきを得ることからは
じめるといいよ。そして学びを得続けていくと、知的
好奇心が育ってくるんだ。

そうなんですか？

そうだよ。あれもこれも知りたい、なぜそうなってい
るんだろうという興味が次から次へと湧いてくるんだ。

第5章 判断軸を育てる

203

子どもみたいに楽しそうですね。

 子どものようでもあり、本来の姿と言ってもいいかもしれないね。知的好奇心が芽生えるということは、日常という名の目隠しを外すことなんだ。日常に慣れきって見えていなかったことが、どんどん姿を現して見えてくる。そして、「無知の知」を自覚していくんだ。

 無知の知？

 古代ギリシャの哲学者ソクラテスの言葉だよ。当時の哲学者たちはなんでも知っている人という意味で、ソフィストと呼ばれていたんだ。ところがソクラテスは、自分がいかに物事を知らない人間であるかを自覚していたから、ソフィストではないという立場を取ったんだ。そしてほかの哲学者たちに質問を重ねることで、その人たちが無知であることを暴いていったんだよ。

 自分が無知であるという自覚が大切なんですね。

 そう。無知への自覚、それが成長の原動力になるんだ。

 同じような毎日を過ごしていると、自分が無知であることすら感じないですもんね。

だから真の分岐点は、無知を自覚できるかどうかなんだ。無知を自覚できれば、自然とほかから学ぼうとするし、学び続ける意欲を持ち続けることができるよ。

自分だけの経験で作られた価値観を、さらに深められるかどうかは無知を自覚できるかどうかにかかっていたんですね。

無知の知は西洋から生まれた言葉だけど、東洋でも同じことが言われているんだ。
『論語』の中には「知之為知之、不知為不知。是知也」(これを知るをこれを知ると為し、知らざるを知らずと為す、これ知るなり)という言葉があるんだ。

全然違う場所で同じことを言っているってことは、本当に大切なんでしょうね。

そうなんだ。君もだんだんと昔から語り継がれている教訓や知恵には、時代を超えた普遍的な学びが詰まっているってことに気がつくと思うよ。すると、古典的な本や少し難しく感じていたような本も手に取るようになるよ。

そうやって色々なことを吸収して、考える力が深まっていくんですね。

最初の授業でVUCAワールドの話をしたよね。これは、すぐに役立つことはすぐに役立たなくなる世界とも言えるんだよ。そんな世界だからこそ、普遍的な学びが求められるんだ。「愚者は経験から学び、賢者は歴史から学ぶ」という言葉のように、過去の人々によって築き上げられた知見や知恵を自分の価値観に吸収していくことができれば、どんな時代でも乗り越えられるよ。

 無知であることの危機感が、少しずつ高まってきました。今までなにをしてきたんだろうって。

 価値観の分岐点で、ハンドルをきる準備が整ってきたようだね。これから様々なことを学んでいくときに、注意してほしいことが2つあるんだ。それは「知行合一」と「知己合一」だ。

 耳馴染みのない言葉です。

 知行合一は、知識に行動を伴わせること。「わかる」と「できる」は違うよね。自分を成長させるために知識を得ていたはずが、いつの間にか知識を集めることが目的になってしまう。それでは意味がないんだよ。

 そうならないためには、どうすればいいですか？

そこで知己合一が大切なんだ。知己合一は自分事に置き換えて学ぶことだよ。だから、常に問題意識を忘れてはいけないよ。問題意識があれば、自分事に置き換えられるからね。

 「成長できたらいいな」ではなく、よりよい人生を送るために心から成長を願うことが大切なんですね。

 そう。考える力を育てるために最も大切なことは、判断軸を育て続けることなんだ。これは人として成長を続けることでもあるんだよ。

 先生の授業を受ける前とあとでは、見える景色が変わったような気がします。これも価値観が変化した証拠ですね。今までは、すごく狭い世界で生きていました。これからは無知を自覚して、もっと主体的に色々なことに関わっていこうと思います。

 そうだね。視点と視野についてはこの間詳しく話したけど、視座についてはあまり話していなかったよね。

 はい、視座は立場っていうことは聞きました。

 視座には高さもあるんだ。視座を高くすることこそ、教養を深め価値観を磨いていくことなんだよ。

視点や視野の出発点は視座ですよね。今なら視座を高めることの大切さがよくわかります。

よく気づいてくれたね。授業の最後に、君にひとつ宿題を出して終わりにしよう。

もう終わりなんですね。なんだか寂しいです……。最後の宿題はなんですか？

君がいつか人生を終えるとき、「全く同じ人生をまたくり返せ」と言われたら、君は「はい」と答えるのか、「いいえ」と答えるのか。これが宿題だよ。

すごく重い宿題ですね……。死ぬときのことなんて、考えたこともなかったです。

この宿題の答えを出す日が、いつ来るかはわからない。何十年後かもしれないし、明日かもしれない。だけどそれは、目を背けてはいけない真実なんだよ。人は必ず死ぬんだ。

見て見ぬふりをしているってことですよね。よりよい人生を送りたいと本当に願うのなら、時間の大切さを知らないとそんな人生は送れませんよね。限りある命をどのように使うのか、貴重な毎日をどう過ごすのか、

今という時間をどのように使うのか。時間の大切さに気づかせてもらいました。

これから先、出会うすべての人や出来事の中には、嫌いな人やツラい出来事もあるかもしれない。しかし、すべて君に悲惨な人生を歩ませるために出会ったり、起こったりすることではないんだよ。よりよい人生を歩むためのチャンスなんだ。人として成長するために、与えられた課題なんだよ。

課題なんですね……。そう思うと、困難に立ち向かっていけます。すごく大切な宿題をありがとうございました。私はもう宿題の答えを決めました！
「はい！　喜んで何度でもくり返します！」って答えます。あとはそういう人生を送れるように、学んで成長していくだけです！

きっといい人生になるよ。

ありがとうございます！

以上で授業は終了だよ。

先生！　本当にありがとうございました！

第 5 章 の ま と め

☞ 価値観とは、物事のよし悪しを判断する見方のこと。考える力の羅針盤

☞ 考える力にとって価値観を育て続けていくのが最も重要なこと

☞ 価値観は自分の経験を通して作られる

☞ 自分事に置き換えて学び、行動に移すことで価値観の一部になっていく

☞ 教養を吸収するためには、問題意識や知的好奇心が大切

☞ よい人生を送りたいと願うことが、問題意識や知的好奇心を芽生えさせる

☞ 自分が無知であることの自覚が成長のエンジンになる

☞ 自分事として接することができれば、すべてのコンテンツが教養に変わる

☞ 価値観が深まれば視座が高くなる

おわりに

　本書を手に取っていただき、ありがとうございます。みなさんが先生と生徒の会話の世界に入り込んで、授業を聞いていただけたなら幸いです。

　本書ではたくさんのことを取り上げました。しかし、一度にすべてのことを行う必要はありません。成果をあげるのは才能より習慣なのです。昨日の自分よりも１％成長する毎日を習慣にしてください。そうすれば１年後には 37 倍に成長できます。

　そして本書で学んだことや気づきを周りの人に教えてあげてください。ほかの人に教えることが最も記憶に残るからです。本を読んだだけでは、次の日になるとほとんど記憶に残りません。なにかを学んだときは自ら体験する、ほかの人に教える。この２つを実践することで、学んだ内容が自分のものになる確率が飛躍的に高まります。

　ぜひ「１％の成長」と「ほかの人に教える」をやってみてください。

　私たちは学校を卒業した瞬間に、誰からも知らされることなく求められる力が 180 度変わってしまいます。答えのない問いと肩を並べて歩く人生になるのです。つまり、「答え

に辿り着く力」から「答えを作り出す力」が求められるようになります。しかし、そのことに気づけずに考えることが苦手になってしまう方が多くいます。

　本書を読んだみなさんはもう答えを作り出す力が必要であると気づいていただけたのではないでしょうか。その気づきは大きな一歩になるはずです。答えに辿り着こうとすると、答えの主導権は世間や他人にあります。しかし、答えを作るのならば、主導権は自分です。考えることの主役は、自分なのです。そのためには考える技術や価値観が重要です。

　考える技術について書かれた本はたくさんあります。多くはロジカルシンキングやアイデアの発想法のように左脳と右脳の役割で分断されています。しかし、私たちは片方の脳だけで考えることはありません。それぞれの脳が補い合って思考が成り立っているのです。どちらかだけの思考法を身につければ OK ということはありません。右脳的思考（創造力）と左脳的思考（論理力）の両輪で考えを前に進めていけるのです。

　本書では両方の思考を取り扱いました。まずは友達へのサプライズや、余興をする機会などで右脳と左脳の使いどころを意識して計画することからはじめてみてください。

　本書の最後には大きな宿題を出させていただきました。みなさんもいつかその日が来たときに、この宿題に「はい」と答えられる人生を歩んでいただきたいと心から願っています。

そのために必要なことは価値観です。価値観がものの見方や解釈を決めます。例えばパソコンで資料を作っている最中に画面がフリーズし、データがすべて消えたとします。そのときにやる気を失くして資料を一から作り直すか、データが消えたことを逆手に取って、さっきよりもよい資料を作り上げるかでデータが消えた意味が変わってきます。

　対人関係も同じです。どんなにツラいことや嫌なことが起きても、その出来事の意味を決めるのは価値観です。その出来事を人としての成長に活かすも殺すも価値観次第なのです。
　答えを作り出す力にとって、考える技術と価値観は、アプリとOSの関係にも似ています。スマートフォンを見ればわかるとおり、OSの上で色々なアプリが動いています。同様に価値観の上で考える技術が動きます。OSが定期的にアップデートされるように、私たちの価値観もアップデートすることが大切です。

　本書を読まれたみなさんは無知の知の大切さを感じたと思います。自分が知っていることは広大な砂漠の中の一粒の砂にすぎません。そのことを自覚すれば、今までありふれた日常が摩訶不思議なアドベンチャーワールドに変わります。大海原を冒険し、未開の地で新しい仲間や敵と奮闘し強くなっていく少年漫画の主人公のように、この世界にはたくさんの知恵や学びがみなさんを待っています。それらと出会い、格闘し仲間になる度に価値観が深まっていき、考える力もたく

ましくなっていくことでしょう。

　本書を閉じたそのときが大冒険のはじまりです。読者のみなさんにとって本書がよりよい人生を歩む第一歩になることができれば、これ以上の喜びはありません。

　最後に、出版の機会を与えてくださった総合法令出版様に感謝を申し上げます。
　また、出版応援グループのみなさま、Online Neo Business Academy に関わるみなさま、大阪ウェディング＆ホテル・IR 専門学校の卒業生、在学生のみなさんにもお礼を申し上げます。
　そして、いついかなるときも心の支えである両親、絵理、維真、愛子、悠央に感謝します。

　最後の最後に本書を読んでいただいたみなさまにアイデア発想法の解説とワークシートをご用意いたしました。ぜひ、アクセスしてみてください。

https://emergence-japan.com/mailmagazine/

2021年秋　浜田陽介

浜田陽介（はまだ・ようすけ）

エマージェンス・ジャパン合同会社代表
高知県出身。法政大学工学部卒業後、金融機関のシステムエンジニアとしてキャリアをスタートし、後にゲームディレクターへ転身。左脳と右脳をフル回転させる現場で思考力を磨く。現在は、スタッフの生産性を上げる思考力のコンサルティング、社員研修や講演活動のかたわら、専門学校講師として一般教養や企業からの課題を解決する産学連携プロジェクトの指導員も務める。

エマージェンス・ジャパン合同会社
https://emergence-japan.com

劇的に地頭がよくなる思考術
「自分の頭」で考えるコツを教えてください。

2021年10月20日　初版発行

著　者	浜田陽介
発行者	野村直克
発行所	総合法令出版株式会社
	〒 103-0001 東京都中央区日本橋小伝馬町 15-18
	EDGE 小伝馬町ビル 9 階
	電話　03-5623-5121
印刷・製本	中央精版印刷株式会社